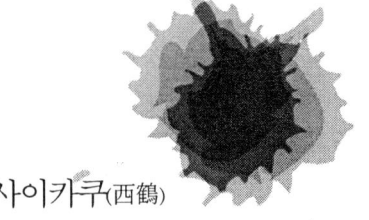

욕망의 인식과 사이카쿠(西鶴)

김영철 지음

머리말...

이 책은 일본문화의 이해를 위한 하나의 자료로서 읽혀지기를 바라는 마음으로 집필했다. 문학이라고 하면 모두가 그럴듯한 창작의도와 그것을 뒷받침할 만한 이론과 구성을 갖춘 것만을 평가하려고 하는 것이 일반적인데, 사이카쿠의 작품은 당대에는 문학적으로는 무가치한 것으로 판단되기 쉬웠던 통속적이고 소비적인 작품이었으면서도, 현대에 와서 이만큼 일본의 고전문학으로 대접받는 경우도 거의 드문 예라고 말할 수 있다.

또한 그의 작품들은 당시의 일본 사회와 문화 전반을 이해할 수 있는 다양한 코드들로 채워져 있다. 그것들이 오늘날의 일본문화의 근간을 이루고 있는데도, 우리는 오늘날 외형적으로 변화된 일본의 현대문화만을 대상으로 일본문화 전반에 대해 인식하려고 하는 오류를 자주 범하고 있다. 그러나 우리는 본질적으로 변하지 않은 현대 일본인과 일본문화의 원형적인 제상들을 사이카쿠의 작품 속에서 확인할 수 있을 것이다. 문학을 매개로 하여 당대의 사회적 여러 현상들을 발견할 수 있는 것은 또 다른 문학의 매력이자, 사이카쿠의 장점이기도 하다. 사이카쿠 작품의 소개와 곁들여진 구체적 내용의 평가는 다니와키 마사치카(谷脇理史)씨의 다양한 연구결과에 덕을 보고 있으며, 다소 의견을 달리하는 부분은 필자의 연구결과에 준하고 있다. 하지만 어디까지나 사이카쿠를 이해하고 겐로쿠 시대를 중심으로 일본사회의 전반적인 소개와 사이카쿠의 작가적인 매력을 이해하고 즐길 수 있는 관심을 가지게 하는 수준에서 이 글을 마무리했다.

현재까지 주로 전기 에도시대의 문학에 관심을 두어 왔다. 더불어 당시의 다양한 문화적 배경을 이해하기 위해 노오 가부키 등의 전통예능에 대해서도 알고자 하는 시간을 가져왔다고 생각한다. 앞으로는 일본의 고전적인 문화가 근대 이후 서구화되어 가는 일본의 문화 속에서 어떻게 수용되고 변형되어 왔는지에 대하여, 문학과 예능을 중심으로 연구해 보려고 한다. 그리고 그것은, 사이카쿠와 동 시대의 시인 바쇼를 중심으로 한 에도시대 미의식에 대한 연구와 번역, 근현대의 문학과 예능에 대한 영향을 중심으로 현대 속의 전통의 실상을 되짚어 보는 일이 될 것 같다.

2005. 8
지은이 씀

차례...

1. 통속적 유희 패러디 | 7
2. 『호색일대남』의 세계 | 21
3. 다양한 세상과 인간인식 | 49
4. 우키요조시의 유행 | 61
5. 서민의 삶과 금전 | 91
6. 사이카쿠 작품의 매력 | 113

욕망의 인식과 사이카쿠(西鶴)

통속적 유희 패러디

하이카이(俳諧)

　문학을 비롯하여 일본문화 전반에 다양하게 사용되는 표현 방법이라면, 단연코 선행하는 어떤 작품 또는 내용을 전제로 하여, 그 이미지를 비틀거나 변화시킴으로써 새로운 맛을 즐기는 방법인 패러디를 들게 된다. 이런 패러디가 대유행한 시대가 조선시대로 말하자면 후기에 해당하는 에도(江戸:1603~1868)시대다. 즉 도쿠가와 이에야스(德川家康)가 지금의 동경인 에도(江戸)에 막부(幕府:중앙정부)를 세우고 지방엔 번(藩:지방정부)을 두어 전국을 통치하던 시대, 12세기 말 무사가 국가권력을 거머쥔 이래로 끊임없이 일어나던 전란이 없었던 태평성대의 시대인 것이다. 무사가 권력을 쥐었으나 전란이 없으며, 각각 문화와 상업과 정치의 중심지적인 성격을 가진 교토(京都) 오사카(大坂) 에도(江戸)같은 3대도시가 발달하고, 그 대도시들 특히 오사카와 에도에는 각 지방에서 흘러들어온 많은 도시서민인 조닌(町人)들이 무사계급의 지배 하에서 화폐경제가 도입된 시대를 상공업에 종사하며 살았던 것이다.
　화폐경제 하에서 대도시의 서민 즉 조닌(町人)들은 경제력을 축적하게 되었고, 경제 활동의 필요에 따라 또는 경제적인 여유를 바탕으로 점차 기초교육 이상의 교육적 혜택을 받게 되면서, 자연스레 문화를 향유하려는 욕구가 발생하게 된 셈이다. 물론 그들이

받은 교육이란 기본적으로 본격적인 한적을 읽는 높은 수준의 것이 아니라, 일본어인 가나(仮名)와 한자어가 섞인 문장을 읽고 쓰는 정도의 것이었고, 필요에 따라 또는 본인의 관심의 정도에 따라 일본의 고전문학이나 사서오경과 같은 한적을 쉽게 풀어서 쓴 참고서와 같은 서적들을 읽었다.

필요에 의해 글을 읽을 수 있게 되어 문맹을 벗어났고, 화폐경제와 인쇄술의 발달로 목판인쇄이긴 하지만 서적출판이 가능해진 시대를 사는 도시의 조닌들은 어느 정도의 경제적 여유를 가지고 자연스레 문화적인 욕구를 충족시키려 하게 되는데, 그런 에너지가 원동력이 되어 에도시대의 다양한 서민문화가 꽃을 피우게 된다. 최초로 그 서민문화의 중심에 있었던 것이 서민들의 시가인 하이카이(俳諧)라고 할 수 있다.

하이카이는 여러 사람이 공동으로 완성해 가는 시가의 형식을 가지고 있는 에도시대의 서민적이고도 유희적인 시다. 하이카이란 일본의 전통적인 고전 시가인 와카(和歌)로부터 비롯되었는데, 한 사람이 5 7 5 7 7의 정형화된 음수율을 기본적인 형태로 짓던 와카를, 두 사람이 각각 5 7 5의 위구와 7 7의 아래구로 나누어 한 수의 와카를 짓는 방법을 사용한 것이 그 출발이다. 이런 한 수의 와카를 나누어 짓던 방법에서 출발하여, 훗날 여러 사람이 5 7 5 와 7 7, 또 다시 5 7 5 와 7 7을 계속 반복해서 시를 이어가는 방법으로 발전시킨 것을 렌가(連歌)라고 구분하여 불렀다. 그러나 와카와 렌가는 형식적인 면에서 한 수의 시와 여러 구가 모여서 완성되는 시라는 차이는 있지만, 시로서 추구하는 미적 가치와 전통적인 창작방법에서는 기본적으로 크게 다르지 않은 상류계급의 시가였다.

에도시대에 분출된 서민들의 문화를 향유하려는 욕구는 시작법의 방법적인 면에서 이런 렌가의 방법을 그대로 따랐지만, 그 시의 내용은 미적이고 전통적인 가치를 추구하는 것이 아니라, 놀이와 재미를 추구하는 유희적인 성격을 갖고 있었다. 경제적인 여유와 문맹에서 해방됨으로써 얻을 수 있었던 문화적인 향유는 상류계급의 지적인 깊이와 심미안을 따라갈 수는 없는 정도의 수준일 수밖에 없는 것이다. 도시서민인 조닌들에게 하이카이를 가르친 상류계급의 스승들은 여기로서의 하이카이를 시도하기는 했어도 그렇게 통속적이고도 소비적인 시가를 지향했던 것은 아니었다. 하지만 바쇼(芭蕉)와 같은 걸출한 시인 몇 사람을 제외하고는 최소한 에도시대 전기만으로 한정하더라도, 대부분의 사람들은 하이카이를 유희적인 시가로서 인식하고 즐기고 있었다고 할 수 있다.

 유희적인 성격의 시가인 하이카이 세계에서 보다 더 파격적인 방법으로 하이카이를 리드해 가던 유파가 단린파(談林派)였다. 그들은 음수율의 파괴는 물론, 와카를 비롯한 운문의 전통에 구애받지 않고 일상적이고 구어적인 단어들을 주저 없이 사용하며, 경쾌한 시가의 유희적인 묘미를 추구해 갔고, 이러한 경향은 폭발적인 인기를 얻어 서민들 사이에서 급속히 확산되어 갔다. 오사카의 상인인 이하라 사이카쿠(井原西鶴)는 이런 단린파의 핵심인물 중 한 사람이었다.

사이카쿠(西鶴)의 하이카이

 이하라 사이카쿠(井原西鶴)는 오사카의 비교적 여유가 있는 상인 집안에서 태어났다. 당시는 사농공상(士農工商)의 신분계급으로 나뉘어져 있었는데 사(士)는 사무라이 계급을 말하는 지배계급이고

농공상은 그 차이가 크게 구별되지 않는 피지배 계급이었다. 황족은 그 명맥을 유지하고는 있었지만 권력을 무사계급에게 빼앗기고 상징적인 존재로 남아 있었다. 따라서 무사계급이 황족과 같은 권위와 권력을 누리고 있어서 사실 상의 황족이 된 셈이다. 이런 신분계급으로 볼 때, 사이카쿠는 최하위의 신분이라 할 수 있었는데, 그럼에도 불구하고 교육의 혜택을 받은 문화인으로 활동할 수 있었던 것은, 당시의 독특한 도시문화의 덕이라고 할 수 있다.

즉, 오랜 동안 수도였던 교토를 제외한 에도 오사카 같은 신흥 대도시는 지방에서 흘러 들어온 서민들이 경제활동을 할 수 있는 상업적인 기반이 갖추어져 있어서, 상공업에 종사하는 서민들은 자연스레 부의 축적이 가능해진 것이다. 하지만 신분 상승의 기회는 거의 없는 상황이었기 때문에 그들은 경제적인 여유를 기반으로 문화 활동을 하게 되는데, 가장 손쉬운 것이 유곽(遊里)이나 가부키(歌舞伎)극장 같은 유흥업소를 이용한 성적인 쾌락의 추구였다. 당시의 유곽은 3대도시에 만들어진 공창을 비롯해 많은 사창들이 있었고 가부키 배우들도 상당수가 매춘행위와 관련되어 있었다. 이런 유흥문화는 에도시대의 후기에 갈수록 일반화 퇴폐화 되어갔고, 공창이 없어진 오늘날까지도 다양한 일본의 유흥문화 속에 이 시대의 놀이문화가 상당부분 뿌리깊게 남아 있다.

그 다음으로 교육의 혜택을 받은 서민계급 즉 초닌들은 하이카이와 같은 운문을 즐기게 된다. 전통적으로 와카(和歌)를 비롯한 시가는 상류계급의 전유물이었다. 그 와카가 렌가(連歌)와 하이카이(俳諧) 같은 여기의 성격을 가진 운문을 파생시키면서 서서히 중하층 계급의 사람들도 이런 문화 활동에 동참하게 된 것이다. 물론 여기의 시가인 하이카이를 지도하던 것은 상류계급에 가까운 지식인들이었다. 그러나 이런 시가가 널리 보급되고 유행하게 되는 것은 역시 초닌들의 경제적 여유로 인한 문화 활동의 힘이라고 할 수 있다.

젊은 날의 西鶴

사이카쿠는 오시키 상인의 아들로 태어났다고 알려져 있지만 구체적으로 무엇을 파는 장사였는지는 확인하기 어렵고, 다만 그가 살았던 지역이 무구(武具)를 만들어 팔던 상인들의 거주지였었다는 것을 근거로, 아마도 사무라이를 상대로 무구들을 만들어 파는 상인집안이었을 것으로 추정한다. 그러나 그의 부모형제에 대한 기록은 전무하다. 그리고 그는 상인으로서 일가를 지탱해가는 삶을 살지는 않았던 것으로 보인다. 데다이(手代:장사수완을 익힌 젊은 고용인)에게 가게 일은 전담시킨 듯하고, 상당히 놀이문화에 탐닉하고 있었던 것으로 보이는데, 그 구체적인 활동이 단린파의 하이진(俳人:하이카이 시인)으로서의 활약상이다. 상기한 것처럼 그는 언어선택의 파격과 과감한 하이카이형식의 파괴를 통해 서민적인 감각의 재미를 추구하는 하이카이 활동의 선봉에 서있었던 것이다.

사이카쿠의 출생년도는 그가 타계한 겐로쿠(元祿:1688~1704) 6년(1693)을 근거로 52년을 역산하여 간에이(寬永:1624~1644) 19년(1642)으로 추정한다. 그가 살았던 시대는 전란이 없이 대도시가 번창하는 평화의 시대로 오사카라는 신흥도시가 전국의 생산물이 집산하는 상업도시로서의 면모를 확립한 시대이면서, 그 결과 많은 부상(富商)들이 탄생하여 경제적인 위력을 가지는 시대였다. 당연히 문화적으로도 상류계급과는 다르지만 서민들의 취향에 맞는 통속적인 하이카이가 인기를 얻게 되었고, 고전문학을 비롯한 전통적인 문화에 대해서도 나름대로 기초적인 지식은 갖추고 있던 시대이다. 그런 시대적인 상황과 서민적인 취향에 맞춰 고답적이고 심오한 시가의 세계보다는 현실적인 생활감각으로 이해되는 언어로 표현된 시가가 환영받게 되는 것이 당연한 것일지도 모른다. 이런 시대적인 요구와 상인출신으로서의 현실감각과 구어적이고 통속적인 문화코드의 공유 등이 사이카쿠의 경묘한 언어구사에 환호하는 독자층을 확보할 수 있었던 배경을 만들어 주었다.

그에 대한 기록은 이토 바이우(伊藤梅宇)라는 후대의 학자가 쓴 『겐몬단소(見聞談叢)』라는 수필 속에서 짧게 언급되어 있을 뿐인데, 가장 신뢰할 수 있는 기록이라는 그 문장을 한국어로 소개하자면 다음과 같다.

조쿄(貞享) 겐로쿠(元祿)무렵, 오사카 지방에 히라야마 토고(平山藤五)라는 초닌(町人)이 있었다. 경제적 여유가 있는 집안에서 태어나긴 했지만, 일찍 아내를 잃고 하나 있는 맹인 딸마저 먼저 세상을 떠났다. 가업을 데다이(手代)에게 물려주고 탈속한 승려도 아니면서도 세상을 자유롭게 살았는데, 일 년의 반은 세상을 떠돌며 지내다가 고향에 돌아오면 하이카이를 즐기면서 잇쇼(一晶)와 같은 사람과 가까이 지냈다. 나중에는 자신의 유파를 확립하여 활동을 하면서 이름을 사이카쿠(西鶴)라 바꾸었고, 『에이타이구라(永代蔵)』 또는 『니시노우미(西の海)』 『세죠시민노 히나가타(世上四民雛形)』와 같은 작품을 남긴 사람이다.

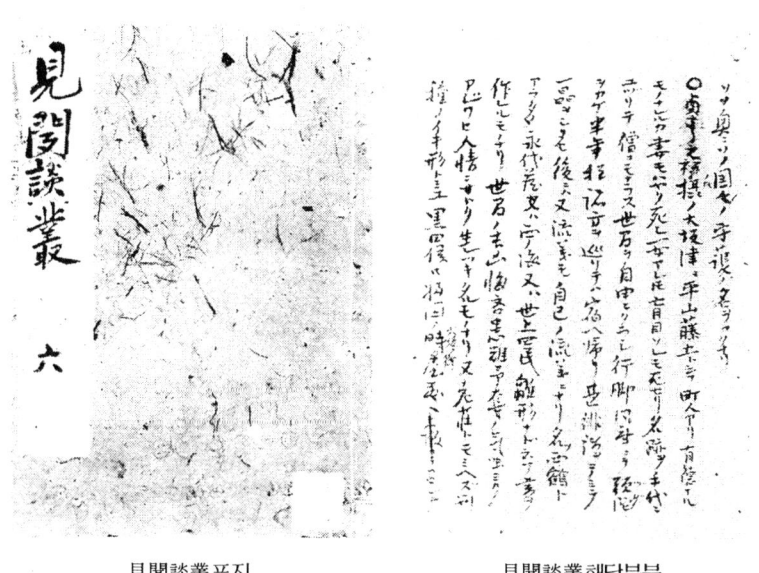

見聞談叢 표지   見聞談叢 해당부분

사이카쿠의 가계에 대한 구체적인 기록은 찾을 수 없고, 부모와 출신지에 대한 증거도 찾을 수 없다. 훗날 그가 남긴 하이카이의 내용을 근거로 몇 가지의 신상에 관한 추측이 가능할 뿐이다. 어쨌든 그는 비교적 유복했던 상인 집안에서 태어나, 당시 상업도시로 부상한 오사카의 다른 조닌들처럼 기초적인 교육을 받았을 것이고, 가업을 잇기 위한 상인으로서의 수련을 받았을 것으로 추정한다. 젊은 아내가 스물다섯의 나이로 타계한 것은 추도집을 통해서 알 수 있지만, 자녀에 대해서 맹인 딸 이외에도 두 명의 자녀가 더 있었던 것으로 보이지만 구체적으로는 알 수 없다. 서른두 살이 되면서 혼자 하이카이를 만 구(句) 읊은 행사(万句興行)를 하면서부터 그의 행적은 구체화된다.

최초로 가쿠에이(鶴永)란 호(号)를 가지고 자신의 하이카이 3구(句)를 남긴 것이 25세(1666년) 때여서, 그 이전의 문학적인 활동의 상세도 알 수 없다. 하이카이를 배우는 과정일 수도 있고, 상인으로 생활하며 초보적인 하이카이 동호인들 사이에서 언어감각이나 기발한 아이디어로 두각을 나타내고 있었을 수도 있다.

  彦星やげにも今夜は七ひかり
  칠석날 밤은 견우성의 별빛도 일곱 색일세
  長持へ春ぞくれ行く更衣
  봄날 저물듯 함 속에 넣어두는 철지난 의복

이것이 초기에 지은 하이카이 중의 한 구다. 사이카쿠 다운 언어유희와 유행을 선도하는 특별한 개성을 엿볼 수 있을 정도의 것은 아니지만, 단린파가 유행하기 전의 데이몬(貞門)하이카이의 특징인 언어유희적인 성격이 강한 면에서 데이몬파의 영향을 받고 있는 사이카쿠의 초기 하이카이라는 것을 알 수 있다.

그 후에도 사이카쿠가 32세가 될 때까지는 이렇다 할 두드러진

활약을 보이지는 않는다. 그의 대표적인 구가 몇 구 알려져 있기는 하지만 31세까지의 사이카쿠의 활약은 어디까지나 추측의 단계를 넘어설 수가 없는 것이다. 결국 이 시기는 하이카이와 같은 여기로서의 문학활동에 주력하고 있었다기보다는 가업과 관련된 생활이 중심이었을 것이고, 1673년 오사카의 이쿠타마(生玉)신사에서 열이틀 간에 걸쳐 만(万)구의 하이카이를 짓는 행사를 하고 그 해 6월에 『이쿠타마 만쿠(生玉万句)』를 간행함으로써 세상에 두각을 나타내게 되는 것이다. 하이카이의 세계에서 큰 활약을 보여주지 못하던 사이카쿠의 갑작스런 대활약은 여러 가지 의

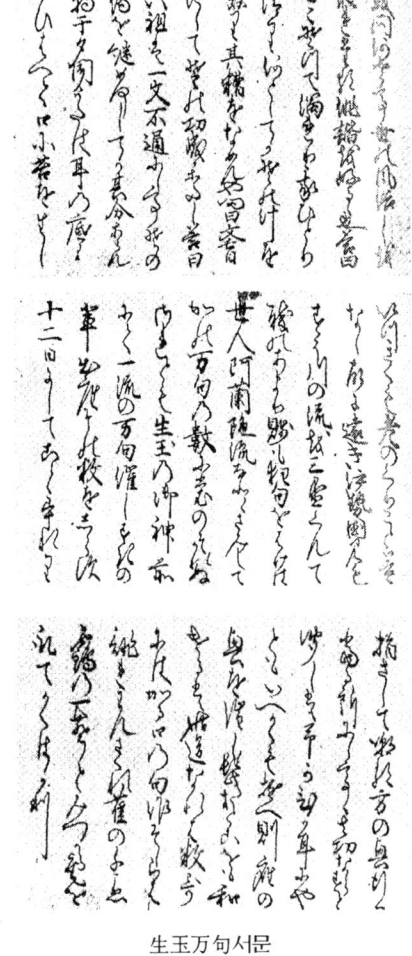

生玉万句서문

미로 해석할 수 있다. 새로운 유행의 하이카이를 이끌고 있는 단린파의 스승인 니시야마 소인(西山宗因)의 위세를 이용하여, 신사로 참배객을 끌어들이고자 하는 이쿠타마 신사의 목적과 사이카쿠 자신의 하이카이를 세상에 알리려는 목적의 달성으로 상호간의 이해관계가 맞아떨어진 것이 아닌가 하고 후일 추측하는 것이다.

生玉 신사

　양을 지향하는 이런 사이카쿠의 하이카이 활동은 그의 문학세계가 출발부터 자유롭고 산문적인 경향이 있었음을 말해 준다. 이후 사이카쿠는 자의적이긴 하지만 오사카의 대표적 하이진(俳人)들의 구를 모아 출판하기도 하고, 젊은 나이로 세상을 떠난 아내를 추모하여 하루에 하이카이 천(千)구를 읊어 책으로 출간하기도 한다. 양과 스피드로 운문문학을 창조하는 작가인 셈인데, 이런 문학 활동에 당시의 하이카이 세계는 별다른 반응을 보이지 않고 무시한 것으로 보인다. 그의 활동은 어쩌면 새로운 하이카이를 선도하던 단린파 중에서도, 파격적인 언어와 개성적인 경구(輕口)를 무기로 하이카이 세계의 일인자가 되고자 했던 사이카쿠가 그 방법으로 양과 스피드를 선택한 것으로 생각된다. 그러나 물론 그것이 사이카쿠의 문학적 개성이면서 그의 문학의 본질적인 특징이기도 한 것이다. 훗날 산문의 세계에서 리듬감 있는 문장과 시니컬한 시각으로 그의 문학적인 능력을 발휘한 것만 보아도 충분히 이해할 수 있을 것이다.

아내의 죽음을 계기로 사이카쿠에게 달라진 것은 문학적인 활동이 두드러진 점과, 상기한 예문에서 언급된 것처럼 가업을 고용인에게 맡기고 현실적인 생업과는 거리가 먼, 승려와 같이 자유롭게 세상을 떠돌다가 오사카로 돌아오곤 하는 생활을 했다는 점이다. 양과 스피드를 장기로 내세운 사이카쿠의 하이카이가 세상의 하이진(俳人)들에게는 좋은 평가를 받지 못했다 하더라도, 그는 자신을 각인시키기 위한 방법으로 가장 자신 있는 양과 스피드의 하이카이를 적극적으로 내세우며 활동을 했고, 거기에는 현실과의 일정한 거리를 두고 생활하는 자유인 사이카쿠의 구애받을 것 없는 삶과 그 삶을 지탱하는 당당한 자신감이 있었다고 할 수 있다.

야카즈 하이카이(矢数俳諧)

이러한 사이카쿠의 하이카이를 적극적으로 밀어붙인 것이 야카즈 하이카이(矢数俳諧)다. 말 그대로 정해진 시간 안에 몇 발의 화살을 과녁에 맞추는가를 겨루는 궁술을 하이카이에 응용한 것으로, 엔포 5년(延宝: 1677) 3월, 사이카쿠는 이쿠타마 혼카쿠지(生玉本覚寺)에서 하루 밤낮에 걸쳐 혼자 천 육백 구의 하이카이를 읊는 행사를 한다. 그리고 그 기록을 『하이카이 오쿠카즈(俳諧大句数)』라 하여 간행했다. 정해진 시간에 얼마나 많은 하이카이의 구를 읊는가를 과시하는 기록경기와 같은 문학행사인 셈인데, 문학적인 긴장감과 완성도를 문제삼지 않는다면, 그의 기록적인 양과 스피드의 하이카이는 당대인을 압도하는 것임에는 틀림없다. 스스로도 만족스러움을 드러내며 자신의 기록을 자랑할 정도였다. 이런 면에서 사이카쿠의 하이카이는 문학으로서의 완성도와 질적인 문제를 중시하기보다는 유희로서의 재미를 추구함에 양과 스피드의 기록이라는 방법을 선택한 셈이다.

生玉신사의 西鶴동상

기본적인 교육은 받았지만 수준 높은 교육은 선택사항인 당시의 서민계급에게는, 문학이란 것이 어떤 것인가를 생각하기보다, 자신들이 가진 지적능력의 한계 속에서 많은 사람들에게 즐거움을 주며 존경을 받을 수 있는 것에, 충분히 만족하는 정도로 당시의 하이카이를 즐겼다고 보면 되는 것이다. 사이카쿠의 강한 개성은 이처럼 순발력과 비문학적인 것을 문학으로 만들어 내는데 주저함이 없었고, 그 평가여하를 불문하고 생을 마감할 때까지 활동의 소강기는 있었어도, 하이카이의 활동을 그만두지는 않았다. 그렇다는 것은, 즉 생존 시의 사이카쿠는 산문의 세계에서 두각을 나타내고 독보적인 인정을 받았음에도 불구하고, 자신이 하이진(俳人)이란 의식을 끝까지 견지하고 있었다는 말이 된다.

기록을 자랑한다는 것은 기록에의 도전을 유도하는 것이다. 그의 기록은 쉽게 갱신되었다. 또 다시 자신의 기록을 갱신하고 자랑스러워하면서, 사이카쿠는 자신만이 이 분야의 최고임을 인정받고 싶어한다. 하지만 여러 지방에서 하이카이를 서민의 여기로 즐기는 사람들 중에는, 사이카쿠처럼 문학적인 문제에 집착하지 않고 기발하면서 재미있는 문구의 하이카이란 시가를, 자신의 능력의 증거로 만천하에 입증시키려 하는 사람들이 있기 마련이다. 그들과 사이카쿠와의 기록의 진위와 인정의 가불가에 대한 설이 왕래한다. 하지만 사이카쿠는 이런 상황에 종지부를 찍기 위한 기록에 다시 도전한다. 누구도 따라올 수 없는 대기록 달성의 필요가 있었던 것이다. 엔포 7년((延宝:1679), 역시 하루 밤낮 동안 혼자서 4천구의 하이카이를 읊는 기록을 달성한다. 이른바 야카즈 하이카이의 창시자로서 자신의 기록에 만족하고 세상에 자랑스럽게 알리는 사이카쿠, 더 이상 자신의 개성과 능력에 도전해 오는 자들을 보란 듯이 비웃어주는 대성공으로 만족함과 동시에, 보란듯이 세상 사람들의 이목을 끌려는 목적이 달성된 것은 말할 것도 없다. 운문문학으로 시간적인 기록을 달성한다는 것, 그것은 이미 산문적인 문학의 속성을 잉태하고 있는 것으로 볼 수 있다.

서정적인 시가를 창작함에 있어서 시간이란 중요한 의미를 갖는 것이 아니라, 감동적인 언어와 서정적인 문장을 만들어 내기 위해 시간은 필요한 것이다. 하지만 일본문학사에서 이런 서정성을 중시하는 시가의 창조에서 일탈하여 언어유희와 패러디 또는 경쟁적인 시가를 즐기는 놀이로서의 시가의 전통 역시 존재해 왔었다. 사이카쿠는 귀족계급의 전유물이었던 와카(和歌)에서, 여기로서 즐겨왔던 골계적이고 언어유희적인 하이카이카(俳諧歌)의 계보를 이은 하이카이를, 가장 서민적이고 유희적인 성격으로 극대화시키면서도, 그 속에 일상생활에서 얻어내는 소재를 경쾌한 언어와 통속적인 표현으로 묘사해 내고, 품위 있는 전통적 가치를 당대의 통속적인 코드로 패러디함으로써, 동시대의 서민층인 조닌(町人)들에게 웃음을 선사하며 커다란 반향을 불러일으켰던 것이다. 귀족적이고 고전적인 시가의 가치를 서민적인 수준의 시가로 패러디해 낸다는 것은, 그 파격적인 가치파괴에 의해 서민들에게 통쾌한 즐거움을 안겨주는 동시에, 에도시대에 와서 새롭게 대두되는 서민적인 에너지와 가치의 문화를 확립해 가는 방법이기도 했다.

『호색일대남』의 세계

『고쇼쿠 이치다이오토코(好色一代男)』

하이진(俳人)으로서 절정기에 있던 사이카쿠는 텐나(天和) 2년 (1682) 여러 지방의 호색풍속과 3대 도시 유곽의 명기(名伎)들의 일화를 한 남자의 일대기 형식 속에 엮어 만든 산문을 출간한다. 훗날 우키요조시(浮世草子)라는 장르로서 불리게 되는 최초의 작품인 이 산문은, 일본문학사에서 근대적 개념의 소설의 장르로 구분할 수 있는 최초의 고전소설이라는 평가도 받는다. 요노스케(世之介)라는 부유한 상인의 아들이 7세 때부터 60세까지 여러 지방의 호색풍속과 3대도시 명기들을 섭렵하는, 일대기 형식으로 엮어진 이 작품의 제목은 말 그대로 『고쇼쿠 이치다이오토코(好色一代男)』, 오로지 호색으로 일생을 살며 자기만의 일대로 인생을 마감한 남자라는, 그야말로 그 당시까지는 문학작품에서 볼 수 없었던 파격적이고 선정적인 제목과 내용이 아닐 수 없다.

이 작품은 원래 사이카쿠가 재미삼아 써 두었던 일종의 호색담 초고를, 제자인 미즈다 사이긴(水田西吟)이 읽어보고 재미있어 하며, 주변의 지인들에게 읽힌 것이 계기가 되어 출판하게 되었다. 상업적인 출판물로 창작된 작품이 아닌, 재미삼아 쓴 호색한의 일화를 담은 초고들이 주위의 호평에 힘입어, 그것도 전문적인 출판업자가 아닌 사람에 의해 세상에 발표되면서, 이 작품은 이 시대 서민문학으로서 대단한 인기를 끌게 되고, 사이카쿠로 하여금 일약 이 시대를 대표하는 우키요조시(浮世草子) 작가로 군림하게 만들어준다. 실용적인 필요성에 의해 어느 정도의 문맹탈출은 가능했지만, 수준 높은 문학의 세계와는 거리가 먼 도시 서민들에게, 지적인 능력을 요구하지 않고 소일거리로서의 웃음을 유발하는 호색담을 담은 이 작품은, 마땅한 읽을거리라곤 천편일률적인 교훈과 명소안내, 고전작품과 설화 등을 부녀자를 대상으로 하여 가볍게 쓰여진 가나조시(仮名草子) 정도밖에 없던, 당시의 조닌(町人)들에게 대환영을 받을 수밖에 없었다. 간략하게 전 8권으로 구성된 그 내용을 요약하면 다음과 같다.

　대상인의 아들인 요노스케는 일곱 살 때 글공부를 하다 화장실을 가게 되는데, 촛불을 밝혀 어두운 길을 인도하는 하녀에게, 그 불을 끄고 가까이 오라고 한다. 영문을 몰라 그 이유를 묻는 하녀에게 사랑이란 어둠 속과 같은 것이란 말을 하니, 기가 막힌 하녀가 주인마님 즉 요노스케의 어머니에게 이 사실을 고하는데, 어머니 또한 유명한 유녀(遊女)출신답게 이 아이가 드디어 사랑이란 것에 눈뜨게 되었다며 기뻐했을 것이라는 것이 1권 1장의 내용이다. 덧붙여 60세까지 섭렵한 여자가 3742명에 남자가 725명이었다는 허무맹랑하기 그지없는 숫자로 실소를 금치 못하게 한다.

　8세에는 외사촌 집에 글쓰기 수업을 위해 보냈더니, 습자선생에게 대필을 부탁하여 외사촌누이에게 구애의 편지를 보낸다. 어이없어 하는 이모는 설마 어린아이가 하며 오히려 필체로 보아 습자선생을 의심하게 되지만, 진실이 밝혀지고 나서도 훈계는커녕 집에 알려서 온 동네의 웃음거리로 만들겠다고 한다. 요컨대 이 작품은 현실적인 가치와는 거리를 둔 웃기 위한 문장으로 엮어져 있음을 알 수 있다. 요노스케는 황당무계한 일을 벌이는 인물로 설정되어 상상을 초월하는 호색행각에 어린 나이부터 눈뜬 인물인 것이다.

好色一代女 1권1장 삽화

9세에는 이웃 집 하녀가 목욕을 하다가 흥분하여 자위행위를 하는 것을 지붕 위에서 망원경으로 훔쳐보다가 들키자, 야밤에 만나 줄 것을 요구하는데, 거절하는 하녀에게 목욕 장면에 대한 상세한 이야기를 퍼트리겠다고 위협한다. 마지못해 응하는 척 반응을 보이다 요노스케의 유모에게 이 사실을 알리니, 온 집안사람들이 그 사실에 모두 포복절도했다는 것이다. 이와 같이 나이에 걸맞지 않게 조숙한 요노스케의 호색행각은 멈추지 않는다.

사창에서 뜻밖의 기품 있는 여자를 발견하기도 하고, 몰락한 사무라이 집안의 딸을 발견하여 사창굴에서 빼어내 고향으로 돌려보내 주기도 한다. 15세 때는 미망인의 유혹에 넘어가 관계를 갖다가 원치 낳는 아기를 낳게 되자, 아기를 몰래 내다버리는 비정하고도 철없는 짓을 하는 인물이며. 16세에는 유부녀를 유혹하다 방망이로 이마를 얻어맞고, 상처 난 몰골로 주변사람들의 웃음거리가 되기도 한다. 그의 행동에 질린 아버지가 상인수업이나 하라며 에도의 지점에 보내니, 먼 길을 가는 도중에도 어느 자매와 애정행각을 벌이느라 상인수업은 그만두고라도 재산이나 축내지 않아야 할 판이 되어, 결국 아버지로부터 의절을 당하는 것이다. 그로부터 그의 방랑기가 시작되어, 34세가 되도록 각 지방을 떠돌며 지칠 줄 모르는 호기심과 변함없는 욕망의 화신으로써 여러 지방의 다양한 호색풍속을 경험하는 것이다. 여기까지가 전반부라고 할 수 있는 각 7장으로 이뤄진 4권까지의 이야기이다.

상상을 초월하는 연령대의 조숙한 호색행위는, 오히려 그 황당한 설정으로 인해 사실적인 의미가 퇴색하면서, 반대로 터무니없는 이야기의 의외성은 읽는 이로 하여금 사실성 여부를 떠나서, 이야기 자체의 재미에 홍소를 금치 못하게 하는 효과를 유발한다. 요노스케라는 인물은 물론 헤이안 시대의 귀족들의 문학인『겐지 모노가타리(源氏物語)』와『이세 모노가타리(伊勢物語)』의 주인공과 그 삶을 패러디한 것이다. 이상적인 귀족남성의 사랑이야기가 부유한 조닌 남성의 호색편력으로 패러디되어, 귀족 세계의 이상적인 사랑이야기와 삶을 지배하는 사랑의 그늘에 대한 깊은 여운은, 서민의 시대에 이르러 무거운 미의식과 가치의 허울을 벗어던지고, 경쾌한 리듬감을 갖는 문장을 통해 적나라한 인간의 욕망으로 변용된 것이다. 사이카쿠의 산문적인 하이카이의 운문은, 고전작품을 패러디하여 당대 서민들의 정서에 맞는 즉물적이고 통속적인 우키요조시의 세계를 창출해 내는 원동력이 되어, 통속적인 유희를 즐기려 하는 도시 서민들의 문화적인 욕구를 자극하는 작품을 만들어 내는 역할을 한 셈이다. 또한, 고전적인 품위와 격식을 깨뜨리는 쾌감을 즐기게 하여, 독자들로 하여금 통쾌한 만족감을 안겨주는 재미도 느끼게 했다고 볼 수 있다.

34세 때까지 호색행각으로 각지를 떠돌고 있던 요노스케에게 찾아온 소식은, 아버지의 타계와 더불어 어머니가 요노스케에 대한 의절을 풀어주고 막대한 재산을 상속해 준다는 것이었다. 따라서 35세부터의 이야기인 5권 1장부터는, 요노스케가 막대한 부를 배경으로 3대도시(교토 · 오사카 · 에도)의 당대 최고의 명기, 즉 유녀들과 유흥을 벌이는 유곽(遊廓)의 큰손님 스이진(粹人)의 이야기로 채워진다. 대도시와 지방의 유명한 유곽과 명기를 모두 상대로 하며, 유흥가의 멋쟁이 큰손님으로서 군더더기 없는 매너와 엉뚱하고 기발한 호기를 부리며 유흥을 즐기는 이야기들은, 당시 도시의 서민인 조닌들에게는 그들이 바라는 행복한 삶의 구체적 실현인 셈이어서, 당시인의 이상적인 조닌의 대명사로 오노스케의 이야기를 즐긴 경향이 있다. 실현 가능성 여부의 문제는 차치하고, 경제적인 여유를 배경으로 문화적인 욕구를 충족시키고자 하지만 신분적인 상승의 길이 막혀있던 조닌들에겐, 이야기 속의 요노스케와 같은 인물은, 그들의 가능성을 꿈꾸게 해주는 인물이었던 것만은 분명하다.

요노스케는 60세가 되던 해에 육체적인 한계에도 불구하고, 더이상 즐길 곳이 없는 일본에 싫증이 나, 유흥의 세계에서 함께 즐기던 친구들을 꼬여내어, 고쇼쿠마루(好色丸)에 온갖 향락의 도구들을 싣고 여자들만이 산다는 뇨고가시마(女護島)를 향해 떠난다는 것으로 일대기가 마무리된다.

好色一代女 8권5장 삽화

　대부분의 독자들은 고상한 선행문학 속의 귀족들의 사랑이야기가 통속적인 조닌들의 향락적인 욕망으로 패러디된 줄거리에 관심이 이끌리게 되겠지만, 이 작품의 매력은 고전의 이야기와 문장을 연상시키며, 이미지의 전환을 꾀하면서 웃음을 이끌어내는 문장의 묘미에 있다고 할 수 있다. 누구나 연상할 수 있는 선행문학의 이야기를 넌지시 암시하면서, 그 이미지를 통속적인 당대의 풍속으로 바꿔치고, 품위 있는 고전적 이미지와의 격차에서 오는 기발한 발상의 재미에 박장대소를 하게 하는 표현방법과, 감칠 맛 나는 경쾌한 문장의 템포가 황당한 이야기임에도 불구하고, 그 어이없음을 조소하게 만들지 않고, 함께 웃음을 터뜨리며 즐길 수 있게 만드는 힘으로 작용하고 있기 때문이다.

작품의 발문은 사이카쿠의 제자 사이긴(西吟)이 썼다. 발문은 이 작품을 출판하게 된 경위를 소개하며 다음과 같은 평을 한다. 세상 사람들은 넓은 바닷물은 퍼 올릴 줄은 알아도, 사람의 마음을 읽어낼 줄은 모른다. 그런데 그런 사람들에게 이 작품을 읽혀 보았더니, 낫 놓고 기역자도 모르는 무식한 농부들조차, 박장대소 포복절도하며 재미있어 했다는 것이다. 즉, 이 작품에서 사람의 마음을 절묘하게 파악한 것이 독자들을 웃게 만드는 이유란 것이다. 이 작품이 통속적인 내용을 담고 있음에도 불구하고, 사람의 마음을 파악할 줄 아는 요인으로 인해 일자무식한 사람들조차도 재미있게 즐길 수 있었다는 점은, 그 통속성을 뛰어 넘는 어떤 것이 있기 때문에 가능한 것이다. 즉 이 작품이 문학작품으로서 통속성을 극복하고 평가를 받는다는 것은, 고전적인 상식이 있음으로 해서 즐길 수 있는 문장과 패러디의 재미 때문일 것이며, 문학성이나 고전적인 상식 같은 지식의 유무와 관계없이 모두가 재미있어 했다는 것은, 단순하게 읽는 재미로서도 만인에게 공통적인 인간의 감정과 욕망을, 절묘하고 감칠 맛 나는 문장으로 표현해 냈기 때문이라는 것이다. 이 점에 대해 조금 더 구체적으로 살펴보기로 하자.

요노스케(世之介)라는 인물

『이치다이오토코(一代男)』의 세계에서, 7살의 남자아이가 하녀의 소매를 잡아끌며 유혹하는 행위가, 홍소와 함께 허용되는 것 뿐만은 아니다. 그것을 「사랑에 눈떴다」고 긍정적으로 받아들이는 어머니를 등장시키는 것으로 분명히 알 수 있듯이, 일상적인 윤리나 도덕과는 상관없는 세계에서 살아가는 것이 허용된 주인공의 설정에 의해서 정립된 세계인 것이다.

그리하여, 요노스케(世之介)의 행위는,「차츰 빈번해 지면서 날이 갈수록」더욱 담대해져,「매사에 호색과 관계된 것만 생각하고」살아가는 인물로서의 요노스케 상이 강조되어 있다. 권두의 제1장은,「욕망으로 몸과 마음이 시달려가며」54세(60세의 착각)까지 상대한 여자가 삼천 칠백 사십 이명이나 되고, 미소년만으로도 칠백 이십 오명이 된다고 일기에 적혀있다.

어린 시절부터 쉴 새 없이 그와 같은 생활을 하고도, 잘도 목숨을 부지하고 있구나(こころと恋に責められ,五四歳までたはぶれし女三千七百四十二人、少人のもてあそび七百二十五人、手日記にしる。井筒によりてうなゐごより已来、腎水をかへほして、さても命はあるものか)」라고 맺고 있다. 아마도 4, 5분 만에 여기까지 읽어왔을 독자는, 요노스케가「현실세계와는 무관하게」, 즉, 현세의 윤리나 논리를 초탈하여,「매사에 호색과 관련된 것만 생각하며」살아온 인물로서 설정되어 있는 강렬한 인상을 받게 된다. 요노스케에게 있어서 우키요(浮世＝현실세계)와 관계되는 것은 의미를 갖지 못하고, 이 세상을 어떻게 살아야하는가 라는 문제 또한 상관이 없다.『이치다이오토코(一代男)』의 제 1장은 요노스케가 현실세계의 윤리나 논리와 대결하여, 좌절하거나 마음의 상처를 받을 필요가 전혀 없는 가공의 인물이라는 전제하에 작품이 전개된다는 것을, 우선 독자에게 각인시키는 것이다. 또한, 제 1장에서 확립한 그와 같은 요노스케의 이미지는, 권1의 2장에서 4장까지 보강되며

한층 강인한 것이 되어 간다.

권1의 2「はづかしながら文言葉」는, 8세의 요노스케가 습자 스승에게 입문한 날, 스승에게 사촌누이에게 보낼 연애편지 대필을 부탁하는 이야기이다. 요노스케는, 현실세계를 살아가는 사람들이 그러하듯 여덟 살에 습자를 시작하게 되는데, 그것은 글자도 쓰지 못하는 어린이가 연애편지를 구술하여 남에게 대필하게하기 위한 계기에 지나지 않는다. 억지로 하녀에게 부탁하여 연애편지를 사촌누이에게 전달하는데, 필체는 훌륭한 스승의 것인데, 내용은 유치하다. 일단은 스승이 의심을 받게 되고, 나중에 요노스케가 자신의 마음을 고백하자, 이모는 「내일 교토의 동생에게 알려서 한바탕 웃게 만들어주겠다」고 마음먹고, 요노스케에게 잘 얼버무려 넘겨버린다. 그 후에 요노스케의 행동을 「유심히 살펴보면 볼수록 조숙하기만」했다고 한다. 여기에서도 요노스케의 행위는 철저하게 세간의 상식을 벗어나, 「호색」에만 관련되어 있는데, 그것은 독자의 홍소와 함께 허용되어, 요노스케의 「현실세계의 일」따위에는 아랑곳하지 않고 살아가는, 가공의 인물로서의 이미지가 한층 더 강조되게 된다.

권1의 3「人には見せぬ所」에서 9세의 요노스케는, 조닌(町人)의 아들답게 환전상(兩替屋)에게 싱인수업을 받도록 보내진다. 그런데 가자마자, 「시니이치바이(死一倍=부모가 죽으면 두 배로 갚는 조건으로 빌리는 돈)를 빌리는 등, 수업을 받을 마음은 전혀 없다. 5월 4일에 아즈마야(四阿屋)의 지붕에 올라가, 망원경으로 이웃집 여자 고용인이 목욕을 하다 자위하는 모습을 훔쳐보고, 그것을 빌미로 「내 말대로 따르라」고 협박하며, 밤이 되자 여자의 방에 숨어들어간다. 여자는 요노스케를 적당히 속여 넘기려고 하지만, 조숙한 요노스케는 「무릎을 베고 누워 어른스러운」 행위를 하려고 한다.

30

여자는「요구에 응하는 척 품에 한 번 꼭 안아주고는」요노스케의 유모에게 달려가는 것이다. 아무리 조숙하기는 해도 어린애는 어린애, 작은 악한 요노스케의 계획은 실패로 끝나지만, 이 장에서도 요노스케는 현실세계의 일은 염두에도 없고, 오로지 호색만을 생각하는 행동을 계속하고 있는 것이다. 더구나, 요노스케의 행위가 여자에 의해 유모에게 보고되어도, 그것은 야단맞기는커녕,「아직 어린 나이에 설마 그럴 리야...하며 배를 쥐고 웃어넘기는」식으로, 웃음과 함께 모든 것이 용서되어 버리는 것이다.

好色一代男 1권3장 삽화

권1-4「袖の時雨は懸るが幸ひ」에서도 사정은 마찬가지이다. 사냥에서 돌아오는 길에, 갑자기 내리는 비를 피하고 있던 10세의

요노스케는, 그 마을의 한 남자의 우산을 같이 쓰게 된 것을 계기로, 그에게 연모의 정을 품게 된다. 요노스케는 남자가 좀처럼 자신의 마음을 받아들이려하지 않는 것을 참다못해, 남색에 대한 고사(故事)를 들어가며 필사적으로 유혹하지만, 이미 목숨과도 바꿀 수 없는 사람이 있다는 그 남자는, 끝까지 요노스케의 말에 따르려 하지 않는다. 그런데 나중에는 목숨과도 바꿀 수 없다는 상대인 그 사람이, 이 남자를 설득하여 요노스케는 뜻을 이루게 되었다는 이야기이다. 여기에는 언뜻, 요노스케의 되바라진 강인함만이 돋보여 코믹스러움이 부족한 듯하나, 남색의 커플 중, 아랫사람이 손위의 상대를 설득하여 뜻을 이루게 해준다는 이야기가, 현실세계의 상식으로 보았을 때, 요노스케의 호색 행위가 이미 상식을 벗어난 행위로서 과장되어 있기 때문에, 당연히 우스꽝스러움을 만들어 내게 되는 것이다. 요노스케란 인물은 현실세계의 상식이나 윤리 등은 아랑곳하지 않고 살아가는 인물이고, 그 행위가 아무리 비현실적이어도, 홍소와 함께 허용되도록 설정된 주인공인 것이다.

요노스케의 역할

요노스케의 이미지는 권1의 1에서 확립되이 권1의 2부터 4까지 보강되고, 그 이미지는 권4의 3, 권4의 7, 권8의 5 등의 여러 장을 통해 계속 보완, 지속되면서 완결된다.『이치다이오토코(一代男)』는 위의 장 이외에서는 요노스케가 행위자로서의 측면을 충분히 갖지 못하고, 때로 풍속을 견문하는 것일 뿐이기도 하고, 조연의 위치로 밀려버리는 경우도 많다. 그런 것들도 모두의 네 장에서 확립된 요노스케의 이미지가, 말하자면 잔상(残像)으로서 작용하게 된다.『이치다이오토코(一代男)』의 세계에서 주인공 요노스케는, 그것이 현실세계의 상식이나 윤리를 초탈하는 존재로서 계속 존재함으로써, 바꾸어 말하면 현실세계의 가치기준과 대결하지 않고, 현실세계가 반가치적이라 보는 삶을 살아가는 존재로서 설정됨으로써, 현실세계와 그곳에 사는 인간을 다시 파악하는 매개로서의 역할을 다하고자 하고 있는 것이다.

　그렇다면 현실세계를 계속 초월할 수 있다는 전제로 설정된 주인공 요노스케의 행위나 심정에 주목함으로써, 미즈다 사이간(水田西吟)이 발문에서 말하는, 넓은 세상의 사람의 마음을 읽어낼 수 있는지 아닌지. 근대소설을 읽을 때, 보통 행해지는 주인공의 행위나 심정에 주목하면서 작품을 읽는 방법이, 『이치다이오토코(一代男)』의 경우 유효한지 아닌지. 적어도 사이간(西吟)의 비평의 입장에 서서 본다면, 요노스케가 위와 같은 주인공으로서 설정되어 있는 이상, 그 행위나 심정에 넓은 세상의 사람의 마음을 읽어낸다는 것은, 골계 그 자체이기까지 하다. 그러나 여기서 지금까지의 해석에 대한 비판을 할 필요도 없을 것이다. 여기서 문제가 되는 것은, 요노스케의 작품속의 이미지를 이상과 같은 것으로 정의했을 때, 어떻게 읽으면『이치다이오토코(一代男)』가 발문에서 말하는 넓은 이세상의 사람의 마음을 담은 작품이라고 할 수 있을 것인가, 또한 그것으로『이치다이오토코(一代男)』의 실질을 보다 풍부한 것으로서 다시 파악할 수 있을 것인가 하는 점이다.

　그렇다고 해도 우리들은 지금, 모두(冒頭)의 네 장을 통해, 현실세계의 상식이나 윤리를 초월하여 살아 갈 수 있는 주인공 요노스케와 대면하며, 그것을 축으로 전개되는 것이『이치다이오토코(一代男)』의 세계라는 것을 알고 있다. 과연 그러한 요노스케의 존재에 의해『이치다이오토코(一代男)』는 어떻게 넓은 세상의 사람의 마음을 담아낼 수 있는 것인가. 그 대답은『이치다이오토코(一代男)』전체의 작품구조 속에서, 요노스케란 존재가 어떤 세계를 어떻게 열어 보여주는 역할을 하고 있는가 하는 문제를 생각함으로써 찾아내는 것 외에 다른 방법은 없다고 생각한다.

반윤리적 행위의 의미

권1-5「尋ねてきく程ちぎり」이후, 요노스케의 행동반경은 넓어져 간다. 그와 동시에 요노스케와 관련이 있는 세상의 풍속이나 그곳에 사는 인간들의 심정이 간결하면서 구체적으로 묘사되게 된다. 그리고 그 누추한 현실세계에서 반가치적인 것으로 여겨지는 세상의 모습을 선명하게 인상지우는 탁월한 묘사가 이루어진다. 이런 세계를 요노스케는 보고 들으며, 그 세계를 살아가는 여자나 젊은 남자(若衆)들과 관계를 맺어간다. 「현실세계의 일은 관심조차 없으며」 현세의 가치기준과 상관없이 살아가는 요노스케는, 「오로지 호색만을 위해」 우키요의 상식이 기피되는 세계에 적극적으로 관계할 수 있고, 현실세계의 가치관에서 자유로워진 입장에서, 그 누추하고 비속한 세계를 보고 듣는 것이 가능하다. 현실세계가 가치를 인정하지 않는 세계, 그리고 그곳을 찾는 인간의 심정을 선명하게『이치다이오토코(一代男)』가 도입할 수 있었던 것은, 그 주인공 요노스케가, 현세의 상식이나 윤리, 나아가서는 그 가치관을 초월할 수 있는 인물로서 설정되고 있기 때문이다.

그러한 요노스케는, 현실세계의 상식이나 법규가 인정하지 않는 행위도 태연하게 해간다. 권2의 2「髪きりても捨てられぬ世」의 전반부는 과부란 어떤 존재인가를 평하는 부분이 중심이 된다. 사이카쿠 이전의 문예에서는 거의 다뤄진 적이 없는, 조닌 가정의 견실한 과부의 상황과 마음의 동요를 적확하고 구체적으로 묘사한 문장인데, 여기에서도 넓은 이 세상 사람들의 마음 중의 한 모습으로, 조닌 집안의 과부를 볼 수 있을 것이다. 더욱이 『이치다이오토코(一代男)』의 세계에서는, 고용인과의 염문을 일으키는 일이 많은 과부의 모습을 윤리적으로 비난하지 않고,「재미있다(をかし)」로 정리할 뿐인 점에도 주의할 필요가 있다. 윤리를 초탈하는 주인공이 축이 되는 『이치다이오토코(一代男)』에서는, 윤리와는 관계없이 인간 존재의 모습이 문제가 될 뿐인 것이다.

　후반부에서는 전반의 과부와는 전혀 반대로, 화려하고 바람기 있는 과부가 등장하여 요노스케와 관계를 맺는다. 거기에서는 전반부와의 대조를 통해 이 과부의 여러 가지 모습이 구체적으로 나타난다. 곧 아기가 태어나고, 요노스케는 여자의 뜻에 따라 아기를 버리러 가게 되는데도, 요노스케에게 회한 따위는 찾아볼 수 없고, 다음 장이 되면 또 다른 호색의 대상을 찾아 그들과 관계를 맺는다. 요노스케는 초윤리와 탈상식의 입장에서 여러 남녀와 관계를 맺으며, 마치 촉매처럼 그러한 인간들의 모습을 현재화(顯在化)시켜 가는 것이다.

　권2의 3「女はおもはくの外」에서, 막 성년식을 치른 16세의 요노스케는, 잡화 도매상 겐스케(源介)가 장사 일로 멀리 떠나 집을 비웠을 때, 그 부인을 억지로 유혹한다. 그것을 받아들이는 것처럼 꾸민 부인이, 밤중에 쪽문을 열고 들어오려는 요노스케의 미간을 큰 장작으로 내리쳐, 요노스케의 불륜 시도는 불발에 그친다는 이야기이다. 이것은 전장에서 묘사한 바람기 있는 과부와 대비하여 배치한 장인데, 당연히 요노스케에게 간통에 대한 죄악감 등은 전혀 발견할 수 없고, 창피한 실패담을 친구들에게 말하는 요노스케가,「세상에 이런 여자도 다 있더라」하며 질렸다는 듯이 말하고 있을 뿐이다. 이 또한 한사람의 여자의 모습을 요노스케의 반상식

적인 행위에 의해 구체화한 작품으로 볼 수 있을 것이다.

행동반경의 확장

 권2의 4까지 긴키(近畿)지방에만 한정되어 있던 요노스케의 행동반경은, 권2의 5 「旅のでき心」 이후 전국으로 확장되어 간다. 「에도의 재정상태를 살펴보라」는 부친의 지시를 받고 떠난 18세의 요노스케는 여전히 세상사엔 관심 없이, 도카이도(東海道)를 내려가던 도중에 만난 한 주막의 자매와의 유흥에만 빠져있는가 하면, 에도에 도착해서도 온갖 호색 풍속을 즐기는 색도(色道)에만 전념한다. 결국 19세에 부친으로부터 의절을 당하게 되는데, 세상사로부터 자유로운 인물답게, 요노스케는 오히려 이것을 기뻐하며 전국 각지로 행동반경을 확장해 간다. 요노스케에게는 현실세계에서 고립되는 부모로부터의 의절도, 세상사로부터 자유롭게 호색에만 전념할 수 있는 계기에 지나지 않는 것이다.

 그 후의 요노스케의 행적을 따라가 보면, 권2의 7에서 다시 교토로 돌아온 요노스케는, 권3의 2에서 고쿠라(小倉)·시모노세키(下の関)로 내려가고, 권3의 3에서는 나카츠(中津)를 거쳐, 오사카(大坂)로 돌아온다. 권3의 4는 교토에 머물고, 권3의 5에서는 이즈모자키(出雲崎), 에치고(越後) 테라도마리(寺泊)로 내려가며, 권3의 6에서는 사도(佐渡)를 거쳐 사카타(酒田)로 간다. 또한 권3의 7에서는 히타치(常陸)의 카시마(鹿島)에 모습을 나타내더니, 센다이(仙台)·시오가마(塩竃)로 발걸음을 옮기고, 권4의 1에서는 신슈(信州) 오이와케(追分), 권4의 3에서는 모가미(最上)의 사가에(寒河江)로 떠도는 등, 그 유랑의 영역은 당시 상업도시 오사카의 상권을 망라하며, 그 지역과 중첩되는 행동반경의 확장을 보이는 것이다.

36

그와 동시에, 요노스케의 견문을 통해, 각지에 호색풍속이 구체적인 묘사로 소개되며, 그곳에 사는 사람들과 요노스케가 관계하는 가운데 이야기가 전개되어 간다. 거기서 묘사되는 풍속이 현실세계의 상식에서 기피되는 누추하고 비속한 세계인 것이며, 그 중에도 풍속묘사가 탁월한 것은, 권1의 5에서부터 권2의 1까지의 경우로 여기서는 인용하지 않지만, 거기에는 넓은 이 세상의 사람들의 마음이 풍속묘사를 중심으로 하면서 표현되고 있는 것은 말할 필요도 없다.

또한, 그동안의 요노스케의 행위도 지금까지와 마찬가지로 현세의 윤리나 상식을 계속 초월함으로써, 하나의 촉매역할을 하고, 「세상엔 그런 여자도 다 있다」는 생각을 갖게 하면서, 독자에게 현실세계의 확장과 인간의 다양한 모습을 실감시킨다. 권4의 1과

好色一代女 4권2장 삽화

2에서는 남편이 싫어서 집을 뛰쳐나온 여자와 도망을 치다가 잡혀서 감옥신세가 되는데, 그것을「재미있는 사건」이라고 생각하는 요노스케와, 사랑하는 사람과 도망가려고 하다 죽임을 당하는 여자가, 권4의 4는 욕구불만으로 호색을 행하는 궁중의 여인들이, 권4의 5는 밀회의 테크닉 해설을 통해 드러나는 당세의 호색한 여인이 묘사되는 등, 각 장마다 취향과 소재를 바꾸어 등장하는 사람들의 모습을 보면, 그것은 저절로 분명해질 것이다.

『이치다이오토코(一代男)』의 권4까지는, 현실세계의 가치기준에서 보면 하찮게 여겨지는 하층민의 매춘의 세계와 그 세계의 인간들이 주인공 요노스케와 상관하는 일면과, 현실세계의 윤리와 상식으로 규제될 수밖에 없는 여염집 여인들과 그것을 계속 초탈하는 주인공과의 상관이라는 일면과의 양면을 갖추게 되면서, 지금까지의 문학작품이 그리지 못했던 넓은 세상 사람들의 마음을 묘사해 내고 있는 것이다.

그리하여, 권4의 7「火神鳴の雲がくれ」에서는, 출어중인 어부의 부인들과 뱃놀이를 하다가 조난당하는 요노스케가 구사일생으로 살아나, 사카이(堺)에 사는 지인의 집에 당도한다. 그곳에서 아버지의 부고가 전해지고, 요노스케는 의절을 용서받고, 어머니로부터 二万五千貫目라는 큰 재산을 상속받는다. 요노스케는「평소 바라던 바가 이루어졌다. 마음에 둔 유녀를 낙적시켜 맞아들이고 이름있는 유녀들은 모조리 상대로 하여 놀아보겠다」고 결의한다. 여기서,『이치다이오토코(一代男)』전반부라 할 수 있는 권4까지의 이야기가 끝나고, 권5 이후는 거부의 큰손님이 된 요노스케라는 전제로 이야기가 시작되게 된다.

자유로운 변신

권5의 1 이후의 『이치다이오토코(一代男)』의 세계는 거의 각 장마다 독립된 이야기로, 권4 이전과 같이 요노스케의 성장과 함께 호색·편력 구상의 전개를 따라갈 수 없다. 권5의 2에서 6까지의 5장 및 권8의 4는 지방의 유곽을 무대로 하는데, 다른 장의 이야기들은 시마바라(島原)·신마치(新町)·요시와라(吉原)라는 3대도시의 유곽을 무대로, 고급 유녀들의 일화와 풍문 그리고 유흥의 여러 모습들을 소개한다. 물론, 주인공 요노스케는 각 장에 등장하여 유녀들의 상대가 되고 때로는 조연으로서 상황을 지켜보는 인물이 되어 있기는 하다. 그러나 아마도 사이카쿠가 취재한 인물과 사건 등의 영향에 의한 것이겠지만, 요노스케는 각 장 마다라고 해도 좋을 만큼, 그 이미지나 입장을 바꾸어가며 실로 자유자재로 변신하고 행동하며 상황을 견문한다. 근대소설을 모범으로 하는 시점에서 보면, 주인공 요노스케는 문자 그대로 모순에 가득 찬 존재인 것이다.

그러나 각 장마다 요노스케가 그 모습이나 입장을 바꾸는 것을 비판한다는 것도 이렇다 할 의미는 없을 것이다. 문제는 요노스케를 그와 같이 자유자재로 변신시킴으로서 사이카쿠가 『이치다이오토코(一代男)』의 후반부에서 무엇을 노리고 있는가 하는 것이다.

유곽의 법도

권5의 1「後は様付けてよぶ」의 전반부는 당대 최고의 유녀인 요시노(吉野)의 일화가 소개된다. 한 사내가 대장장이 도제일로 밤낮으로 열심히 일해 모은 돈으로 요시노를 만나보고 싶어했지만,

최고의 유녀는 천한 신분의 손님을 상대할 수 없다는 유곽의 규율로 요시노를 하룻밤 살 수 없었다. 이를 슬퍼하는 이야기를 전해 들은 요시노가, 이 사내를 불러들여 하룻밤 상대를 해 주었는데, 이것이 유곽의 규율을 어긴 것이 되어 문제시되었다. 유곽에서 이 일로 시끄러워진 상황을 본 요노스케는, 그야말로 유녀로서의 기본적인 덕목을 갖춘 여인이라며 요시노를 낙적하여 아내로 삼았다는 이야기이다.

好色一代女 5권1장 삽화 吉野와 世之介

유녀는 본래, 돈만 있으면 어떤 신분의 남자에게나 자유로워지는 존재이다. 요시노가 대장장이 도제를 상대해 준 것은, 「유녀로서의 본분(女郎の本意)」을 다한 것이라는 것이 요노스케의 논리이

다. 그러나 현실의 유곽은 상급 유녀에 어울리는 손님의 신분을 설정하고, 그 법도를 깨뜨린 요시노를 엄하게 책망하고 있는 것이다. 현실세계의 신분제도를 부정하고 누구에게나 평등하게 대해야 하는 유곽이, 다른 기준으로 손님의 신분을 설정하고 있는 것, 그것을 요노스케는 인정할 수 없다고 하는 것이다. 현실세계의 윤리나 상식을 초탈할 수 있는 요노스케는, 여기서는 유곽의 법도를 깨뜨린 요시노를 유녀의 본분을 지켰다는 시점에서 옹호하는 입장에 서고, 유곽 법도의 의제를 폭로하고 있다고 할 수 있을 것이다.

吉野의 묘

권6의 1「喰いさして袖の橘」는 요노스케 한 사람에게만 모든 정성을 다하여 접대하는 것이 유곽의 법도에 어긋난다 하여 벌칙

을 주지만, 이에 굴하지 않고 자신의 의지를 관철시키는 유녀 미카사(三笠)의 이야기이다. 여기에서의 요노스케는, 한사람의 남자에게만 정성을 집중하는 것을 기피하는, 유곽의 논리에 따르지 않는 미카사와 공범의 입장이다. 현실 사회에서는 칭찬받는, 한사람의 남자에게만 모든 것을 바치는 행위는, 유곽의 존재방법에서 보아 부정되는 것이 당연한데, 이 장에서는 요노스케가 미카사의 공범자가 됨으로써, 미카사를 이상적인 유녀로 변신시키고 있다. 요노스케는, 여기서는 현실세계의 윤리와 논리 측에 서서 유곽의 법도의 내실을 내세우며, 그것을 거역하는 한사람의 유녀의 삶을 구체화하고 있는 것이다.

　위의 두 장은 해피엔드로 끝나고 있는데, 요노스케가 유곽의 법도를 거스르는 유녀의 공범자가 되어 있기는 해도, 권7의 1「その面影は雪むかし」에서는 약간 그 사정이 다르다. 권7의 1에서 유녀 다카하시(高橋)는 요노스케를 정객(正客)으로 하는 다회를 훌륭하게 소화하고, 그 후 요노스케가 「술김」에 예의를 모르는 사람처럼 행동하는 장난기도 잘 받아넘기는 세련된 매너에 칭찬을 보내며, 이상적인 유녀로서 묘사한다. 이 때, 사전 예약을 한 오와리(尾張) 지방출신 손님의 거듭된 호출에, 어쩔 수 없이 나가기는 하지만 곧 돌이와 버리곤 했다. 그리고 손님이 불러도 가지 않는 바람에 요노스케도 타일러 보내려 하긴 했지만, 다카하시는 오늘만은 무슨 일이 있어도 가기 싫다고 버텼다. 손님이 가만있지 않을 것이라고 해도 죽음도 각오했다는 듯이, 요노스케의 무릎을 베고 누워 콧노래를 홍얼거릴 정도였다. 참다못한 손님이 칼을 뽑아들고 달려들며 호통을 쳐도, 다카하시는 눈 하나 깜짝하지 않고 노래를 부르는 배짱을 보이는 사태로 변한다. 여기에는 유곽의 법도 따위 아랑곳없이, 마음에 든 남자에게 진정(真情)을 다 바치려고 하는 유녀 다

카하시의 모습이 훌륭하게 그려져 있다. 요노스케가 공범자가 됨으로써, 유곽의 법도에 반역하는 다카하시가 여기서도 이상적인 유녀로 변신하고 있는 것이다.

　그런데, 이 사태는 어떻게 해결되는 것일까.「모두가 달려들어 이러 저러 말로 달래보아도 말을 듣지 않는 바람에, 양쪽 연회장의 주인들이 모여 상의한」끝에, 다카하시를 데리고 있는 포주가「오늘은 오와리의 손님과 요노스케 어느 쪽에도 접객할 수 없다며 다카하시의 멱살을 잡아끌고 돌아가는」것으로 사태는 결착을 보게 된다. 지금까지 만능인 듯이 행동하고 이상화되어 온 다카하시가 결국은 유곽 안에서는 상품에 지나지 않는다는 것, 포주에게 멱살을 잡혀 끌려가는 존재에 지나지 않는 것이 구체화됨으로써, 사건은 끝나는 것이다. 여기에서는 유곽 안에 있는 유녀라는 존재가, 표면상 아무리 화려하더라도, 그 내실은 엄격한 유곽의 법도 속에 갇혀있는 것을 명확하게 알리려는 작자의 의도가 있는 것이다.

　본 장에서는, 앞의 두 장과 달리, 유곽의 법도에 반역하는 다카하시가, 낙적(身請け)에 의해 요노스케에게 구원받는 형태가 아니다. 하지만, 그 때문에 유곽의 세계를 살아가는 한사람의 여자의 행위나 심정이 보다 선명하게 드러나게 된다. 요노스케는 본 장에서, 어정쩡한 태도를 취하는 공범자라 할 수 있는 조연에 지나지 않지만, 요노스케와의 관계를 매개로 한사람의 인간의 삶이 강렬하게 각인되는 구도를 여기에서 지적하는 것은 간단할 것이다.

　그러나 요노스케는, 이상과 같은 유곽의 법도에 반역하는 유녀의 입장에 서는 것 뿐 만이 아니다. 오히려 거꾸로 유곽의 법도가 이상으로 하는 유녀를 이상으로 삼는 입장에서 행동하는 작품도 적지 않다. 예를 들면,「정이 깊고 수완이 좋은」유녀로써, 많은 손님을 그에 상응하게 대접하면서 손님을 사로잡는 권6의 2의 유기리(夕霧),「분위기가 처지면 밝게 뛰우고, 멋쟁이 손님은 제 손님으로 사로잡고, 초보자는 눈물을 흘릴 만큼 기쁘게 해주는 권6의 5의 하츠네(初音), 달변으로 요노스케에게 한 방 먹이며,「그 영특함에 끌려 손님 없는 날을 학수고대하며 그리워 한다」는 권6의 6의 요시다(吉田), 요노스케와 비슈(尾州)의 덴시치(伝七) 두 사람을 양손에 쥐고 흔든 듯이 보이는 권6의 7의 노아키(野秋) 등등, 거기에는 요노스케가 유곽의 법도가 이상으로 하고, 그래야만 한다고 하는 이상적 유녀에 공명하는 입장에 서 있어서, 그 유녀를 파악하는 논리는 유곽의 논리와 같다.

나아가서는, 요노스케가 유곽의 법도의 입장에 서서, 해서는 안 될 행위를 하는 유녀를 비판하는 작품도 두셋 있다. 순수하게 배양된 꽃으로서의 고급스런 유녀를 규정하는 유곽의 논리에서 벗어나는 행위, 예를 들면, 권6의 4에서 유녀들의 음식에 대한 욕구, 권7에서 3에서 유녀의 금전에 대한 집착 등이, 천한 행위로서 지탄되는 것이다. 이러한 장에서의 요노스케의 논리는 일상성을 버림으로써 만들어지는 유곽의 미의식을 어디까지나 옹호하는 입장에서 생겨났다고 해도 좋을 것이다.

이상과 같이, 권5 이후의『이치다이오토코(一代男)』는 유곽의 법도를 거부하고 무시하는 유녀의 행위가 요노스케의 시점에서 훌륭한 유녀로 칭찬받는 장, 요노스케가 유곽의 법도에 따르면서 멋지게 행동하는 유녀를 당연히 그래야 하는 모습으로 그리는 장, 그 법도를 잊은 비천함 때문에 요노스케로부터 지탄받게 되는 장 등, 다양한 위상을 나타내고 있다. 또한, 그러한 장 이외에도 유곽에서 홍을 돋우는 사람들의 활약을 그린 내용이 중심이 되어 있는 권7의 2나, 그 사람들의 이와시미즈(岩清水) 참배의 모습을 그린 권8의 1과 같은 작품도 있고, 특정 유녀를 중심으로 하고 있지 않은 권7의 7과 같은 작품도 있다.

한편, 요노스케도 또한, 각 장마다 자유자재로 조연으로서 계속 변신하면서 등장한다. 그러나 그 행위를 뒷받침하는 논리는, 상대 유녀의 행위와 대응하면서, 어떤 경우에는 유곽의 논리의 입장에 서고 어떤 경우에는 그것을 거부하고 부정하는 입장에 선다. 말하자면 요노스케는 『이치다이오토코(一代男)』후반부에서, 통일된 이미지도 동일한 행동기준도 갖지 않고, 때로는 그 논리는 서로 대립하는 것을 포함하고 있는 것이다. 아마도 그것은 근대소설 풍으로 읽어가는 입장을 취한다면, 지금까지와 같이 어느 부분을 묵살하여 하나의 테마를 추구하거나, 모순된 것을 병존시키고 있다고 평가하는 방법 이외에는 없을 것이다.

따라서 여기서 자연히 사이긴(西吟)의 발문을 떠올릴 수밖에 없다. 사이카쿠는, 조연 요노스케를 자유자재로 변신시켜 그 행위의 논리를 각 장마다 바꾸어 시점을 바꾸면서, 유곽 속에 존재하는 다양한 인간들의 마음과 모습을, 홍소와 함께 묘사하고자 하고 있는 것은 아닌가 하는 것이다.

『이치다이오토코(一代男)』후반부는, 각종 취향을 더해 계속 변화를 주면서 이러한 유녀도 있다. 이러한 놀이의 세계도 있었다고 하는 것이, 각 장 마다 파노라마처럼 전개되어 있는 작품으로 보면 될 것이다. 그리고 발문의 비평을 쓴 제자 사이긴(西吟)에게 있어서도, 당시의 독자에게 있어서도, 그 각각에서, 유곽이라는 한정된 세계 속에서의 인간의 마음과 모습을 재미있고 우습게 감득할 수만 있으면 되는 것이다. 요시노나 미카사, 다카하시의 행위도, 유기리나 하츠네의 모습도, 지탄받는 유녀들의 삶도 각각 하나의 삶의 현현(顯現)이고, 총체적으로 다양한 인간세상의 모습을 파악하면 되는 것이다. 그러한 의미에서 사이긴(西吟)의 비평은 막연하기는 해도, 『이치다이오토코(一代男)』의 실상을 가장 적확하게 파악한 것이라고 할 수 있다.

『이치다이오토코(一代男)』이후

사이카쿠(西鶴)가 『고쇼쿠 이치다이오토코(好色一代男)』란 소설 즉 우키요조시를 발표하고 그 인기에 따라 하이카이의 세계를 떠난 것은 아니다. 제목부터가 『호색일대남』이란 획기적인 이 작품은 대중적인 인기에 힘입어 여러 차례 재판을 찍어낸 것으로 확인되고, 2년 뒤에는 에도에서 유명한 우키요에(浮草絵: 일본의 전통 판화) 작가인 히시카와 모로노부(菱川師宣)의 삽화를 넣은 해적판 『호색일대남』이 간행되는 등, 그 인기는 상당한 것이었다. 또한 『호색일대남』에서 요노스케의 유일한 혈육으로, 미망인과의 사이에서 출생하여 버려진 아들 요덴(世伝)을 주인공으로 설정한 이야기를 다룬 『쇼엔 오카가미(諸艶大鑑)』가 2년 뒤에 간행된 점도 그 증거이다.

『쇼엔 오카가미(諸艶大鑑)』는 부제가 『호색이대남』으로 붙여진 탓에, 요노스케와 같은 서민층의 이상적 인물의 활약상을 기대하기 쉬운 작품이지만, 실제로 이 작품은 요노스케의 버려진 아들 요덴(世伝)이 첫 장(권1의 1)과 마지막 장(권8의 5)에 등장하는 것으로 설정되어 있을 뿐, 내용은 유곽을 배경으로 손님을 다루는 유녀의 수법과 유곽의 내막, 그리고 유곽을 움직이는 논리와 비인간적인 측면에 대한 폭로 같은, 다양한 사람들의 다양한 모습들이 묘사되어져 있다. 유곽에서의 놀이의 법칙과도 같은 내용을 소개하는 것이 기본적인 틀이라 하더라도, 그것을 유곽의 논리와 유녀의 본질을 간파해 내는 시각으로 묘사해 내는 점은, 사이카쿠가 가진 작가적인 자질을 충분히 증명해 주는 것이었다. 요노스케의 이야기로 인기를 얻은 사이카쿠를 주목하여 전문 출판업자가 집필을 의뢰한 것으로 추정되는 만큼, 사이카쿠 또한 일단은 전작과 같은 경쾌하고 재미있는 호색담의 요구에 부응한 것으로 생각된다.

물론『고쇼쿠 이치다이오토코(好色一代男)』와 같은 호색을 소재로 하고 있는 점에서는 동일하다. 하지만 사이카쿠의 산문적인 문장력과 인간 심리의 미묘한 움직임을 포착해 내는 예리한 시각이, 전작과 같은 여기로서 쓴 놀이의 문장과는 다른 색깔을 보이고 있다. 소일거리로 또는 장난기로 쓴 초고였던『고쇼쿠 이치다이오토코(好色一代男)』와 작가적인 자질과 문장력을 인정받은 셈으로 집필을 의뢰받은『쇼엔 오카가미(諸艶大鑑)』는, 집필에 임하는 사이카쿠의 마음가짐이 다소 달라질 수밖에 없는 것은 충분히 짐작이 갈 것이다. 그의 문학이 통속적인 소재이면서도(사실 당시에는 그 이상의 의미는 인정받지 못했지만), 현재까지도 고전문학을 대표하는 하나의 작품 군으로 자리매김하고 있는 이유는, 근현대의 소설에 요구되는 것과 같은 이러한 인간에 대한 관찰과 사실적인 묘사의 능력이 있었기 때문이다.

호색을 소재로 한 두 편의 우키요조시로 유명해 진 사이카쿠지만 그는 여전히 하이카이를 본업으로 인식하며, 하이카이로 세상으로부터 인정을 받으려 한 것으로 파악된다. 소설과는 거리가 있는 가부키 배우의 평판을 쓰기도 하고, 스승인 니시야마 소인의 추도 하이카이집을 출판하기도 하는 것이 그것을 입증한다. 또 전문 출판업자가 간행한『쇼엔 오카가미(諸艶大鑑)』를 발표한 2개월 뒤인 죠쿄(貞亨) 원년(1684) 6월 5일 오후 6시 경부터 24시간 동안, 오사카의 스미요시(住吉)신사에서 자신이 창시한 야카즈 하이카이(矢数俳諧)를 독음(独吟)으로 2만3천5백 구 짓는 행사를 하는 것이다.

누구도 흉내 낼 수 없는 대기록을 세워야만 할 어떤 이유야 있었 겠지만, 1분에 10여 구 씩을 지어야만 하는 이 초인적인 기록의 문학 활동도, 역시 그가 하이카이로서 인정받고야 말겠다고 하는 처절한 몸부림일 수도 있는 것이다. 이 행사를 마치고 자타가 야 카즈 하이카이의 일인자로 인정할 수밖에 없다는 자신감으로 만족 스러워 했겠지만, 사실 이 시기는 단린파의 하이카이가 침체 기미 를 보이기 시작한 때였고, 곧 이어 바쇼(芭蕉)의 쇼후(蕉風)하이카 이가 주류를 이루게 되는 전조가 나타나기 시작하던 때였다. 아마 도 그는 이런 시점에서 자신이 결정적인 활약을 보여줄 필요가 있 다고 판단했는지도 모른다.

　　射て見たが何の根もない大矢数
　　쏘긴 했으나 남은 흔적도 없이　오오야카즈

　화살을 쏘듯이 연달아 경구의 야카즈 하이카이 구를 읊어댔는데, 활쏘기를 겨루는 것과는 달리 오야카즈는 그 흔적도 남아 있질 않 는구나 하는 내용으로, 긴장감과 집중력을 가지고 초를 다투며 모 든 능력을 총동원해 읊는, 야카즈 하이카이의 긴장감이 풀리고 허 탈감을 느끼는 사이카쿠의 심리상태가 잘 나타난 구이기도 하면서, 단린파의 능력을 과시하려는 듯 대기록을 세운 자신의 노력에도 불구하고, 모든 것이 별반 달라지지도 않는 것처럼 느껴지면서 헛 수고로 끝나가는 것을 한탄하는 아픔이 느껴져 오는 것 같아서 인 상적으로 느껴지는 사이카쿠의 구이다. 이 행사를 끝으로 사이카쿠 의 하이카이 활동은 오랫동안 침묵을 보이고, 호색담을 쓰는 유행 작가로 알려지기 시작한 사이카쿠의 우키요조시 작가로서의 활동 이 두드러지기 시작한다.

다양한 세상과 인간인식

기담적인 작품

　조쿄(貞亨) 2년(1695) 간행된『사이카쿠 쇼코쿠바나시(西鶴諸国咄)』는 5권 35편의 비교적 짧은 단편집이다. 각 지방의 기담과 진기한 이야기를 중심으로 하고 있는데, 문장의 경쾌함은 호색담을 다룬 전편들과 다름이 없지만, 다양한 소재의 변화를 꾀한 면에서 호색담을 다룬 전작과 차별화된다. 작품의 서문에서 사이카쿠는 자신이 수집한 각 지방의 다양한 이야기들을 작품으로 만들어 독자에게 제공한다는 내용의 서문의 끝에서,「인간은 괴물과 같고 세상에는 별의 별 것들이 다 존재한다(人はばけもの、世にない物はなし)」고 피력하고 있다. 여러 지방의 진담을 통하여 다양한 세상과 인간의 본질을 괴물적인 존재로 인식하고 있음을 나타내는 이 문장은, 이야기 속에 상상할 수도 없이 수많은 존재들이 살아가고 있는 곳이 바로 이 세상이란 인식을 보여준다. 또한 이것은 그의 작품의 저변에 일관하고 있는 인간인식을 잘 대변하는 말이기도 하다. 즉 사이카쿠는 언제나 가변적이고 예측불허한 행동과 생각을 가진 존재로서 세상에 존재하고 살아가는 인간을 인식하고 있다는 것이며, 이런 인간인식과 시각이 작품 속에서 괴담적이고 진기한 다양한 모습으로 변화하는 본질을 가진 인간으로서 파악되고 강조되는 것이다.

　『사이카쿠 쇼코쿠바나시(西鶴諸国咄)』는 사이카쿠의 다양한 인간들의 모습을 경묘한 문장으로 재미있게 소개한 내용과 더불어, 기담과 진기한 이야기의 단편들이 다수 포함되어 있는데, 기담으로서 과장되기도 하고 초현실적인 소재이기도 한 탓에 사실적인 인상은 약화되었다 해도, 그런 소재들을 통해서 세상 사람들의 본질을 역으로 조명해 보게 하는 이야기들이 많이 있다. 또한 우키요조시의 대표적인 인기작가인 사이카쿠의 작품들 중에서 보아도, 호색담을 출발점으로 우키요조시 작가로 출발하였으나, 다양한 소재의 변화를 보이며 작품의 대부분이 그 근저에서 인간의 본성과 본질이란 것을 인식시키는 문학 활동의 시작이라는 의미에서 보아도, 이 작품이 갖는 문학적인 위치는 중요하다고 할 수 있다. 그가 인식하고 있는 진기한 인간의 한 예를 권4의2「忍びの扇の長歌」를 들어 살펴보면, 이 점을 더 분명하게 알 수 있을 것이다.

　봄이 되면 사람의 마음을 들뜨게 하는 우에노(上野)의 벚꽃구경을 마치고 돌아오는 다이묘(大名) 부인인 듯한 일행의 행렬이 지나간다. 그 가마의 창에 걸쳐진 발 사이로, 「일본 최고의 미인도에서도 볼 수 없는」 아름다운 스무 살 가량의 아가씨(姫君)를 발견한 사내가 있었다. 「차림으로 보아 낮은 신분의 사무라이로 보이는 이 사내는 여자들이 좋아하지 않을 것 같은 외모의 사내(中小姓ぐらいの風俗, 女のすかぬ男)」였다. 「뜻하지 않게 높은 신분의 아가씨를 사랑하게 된(おもふに及ばぬ御方を恋ひ初め)」 남자는, 일행의 뒤를 따라가 그 저택을 확인한 뒤, 그 가문과 연고가 있는 사람을 통해서 부탁하여, 집안의 여인들 거처주변을 지키는 임무를 맡는 고용인이 되었다. 그리하여 여기저기 행차의 수행을 하는 등, 아가씨와 한 울타리 안에서의 2년 정도의 시간이 흘렀다.

다양한 세상과 인간인식 51

「그러나 인연이란 알 수 없는 것, 사랑하는 아가씨의 가마에는 언제부턴가 당신을 마음속에 품게 되었다 (思ひ入れし御乗物に目をつけけるに、縁は不思議なり、あなたにもいつとなう、おぼしめし入られ)」는 내용의 장가(長歌)가 씌어있는 부채가 꽂혀 있었다. 「나를 사랑하신다면 오늘밤 중으로 절 데려가 주십시오. 저는 남자로 변장하여 쪽문을 빠져나가겠습니다. 목숨이 다하는 한 당신을...(我をおもはば今宵のうちに連れて立ちのくべし。男にさまかへて、切戸をしのび、命のかぎり)」 운운하는 내용의 아가씨 편지대로, 두 사람은 저택을 몰래 빠져나와, 가와라케마치(土器町)의 허름한 뒷골목 셋방을 빌려 숨어살았다. 「사내는 생계를 위해 밤마다 상처에 바르는 고약을 팔러 다녔지만 벌이가 시원치 않았다. 그가 할 수 있는 일은 없었기 때문에, 아가씨는 해보지도 않던 삯

西鶴諸國ばなし4권2장삽화

빨래를 하며 생계를 유지하니, 보는 사내의 마음이 너무 아팠는데, 그런 아가씨를 수상쩍어하는 주변의 시선들이(男は、夜々切疵の膏薬を売れどもはかどらず、後にはせんかたつきぬれば、手なれたまはぬ、すすぎせんだく、見る目もいたはしく、近所も不思議を立て)」따가왔다.

한편 다이묘 집안에서는 매일 50명씩의 사람을 풀어 수소문을 한 끝에, 반년 정도 지나 두 사람은 잡히게 되는데 남자는 그날 밤으로 참수되고, 아가씨는 방에 연금되어 깨끗하게 자결하라고 재촉을 받는다. 그러나 아가씨는 자결할 마음이 없었다. 화가 난 다이묘는 가신들에게「불쌍하기는 하지만 불의를 일으킨 죄이니, 세상에 정해진 법도대로 처형하라(世の定まり事とて、御いたわしく候へども、不義あそばし候へば、御最後)」고 명령한다. 하지만, 아가씨는

나는 목숨이 아까워 죽지 않겠다는 게 아니오. 내 일신상의 불의는 일으킨 적이 없소이다. 인간으로 생명을 받고 태어난 여자로서, 단 한 남자를 배우자로 맞아들이는 것은 당연한 이치요. 신분이 낮은 사람을 사랑하게 된 것은 인연이란 것입니다. (중략) 배필을 정하지 않은 여자가 일생에 단 한 남자를 택한 것을 불의라고는 할 수 없는 것이오. 또한 신분이 낮은 남자와 인연을 맺은 것은 우리 고사에도 있는 일입니다. 나는 절대로 불의를 일으킨 적이 없소 내 남편은 죽일 이유가 없었소

我命惜しむにはあらねども、身の上に不義はなし。人間と生を請けて、女の男ただ一人持つ事、これ作法なり。あの者下々をおもふはこれ縁の道なり。(中略)男なき女の、一生に一人の男を不

> 義とは申されまじ。又下々を取りあげ、縁を組みし事は、むかしよりためしあり。我すこしも不義にはあらず。その男は殺すまじき物を。

라고 항변하며 눈물을 흘리고, 그 남자의 명복을 빌기 위해 스스로 머리를 깎았다고 한다.

「주인의 딸과 간통하는 자는 사형에 처한다(主人之娘と密通之者之類, ならびニ貰掛る者,死罪)」(元禄御法式)는 법도가 엄존하는 당시에, 이것은 금지된 사랑으로, 그 결말은 비극으로 끝날 수밖에 없었던 것이다. 신분이 다른 사람들 간의 사랑은, 여자의 신분이 위일 때 엄격히 규제된다. 따라서,「불의를 일으킨 죄이니, 세상에 정해진 법도대로 처형하라(不義あそばし候へばとぶらう御最後)」라는 이야기를 듣고 이어지는「나는 절대로 불의를 일으킨 적이 없소(身の上に不義はなし)」라는 아가씨의 항변은, 신분제도가 엄존하는 당시의 상식을 넘은 주장이다.

그러나, 사이카쿠는 이와 같은 주장을 하는 아가씨를, 자신의 마음을 속이지 않는 적극적인 여자로서 묘사하고, 그 주장에 설득력을 부여한다. 즉, 일본의 최고미인도 중에서도 볼 수 없을 정도의 미녀인 아가씨가,「여자에게 인기가 없을 것 같은 외모의 사내(女のすかぬ男)」를 선택해, 스스로 장가를 쓴 부채의 연애편지를 보내고, 함께 달아나 삯빨래까지 하면서 그 사랑을 이루려고 한다, 그 남자가 처형을 당한 후에도 자결을 거부하고 출가한다고 하는 이야기의 전개를 통해, 세상에서 보기 드문 진기한 여자임을 강조하면서, 그 주장의 필연성·정당성을 독자에게 호소하고 있는 것이다.

그러나, 이 주장이 즉 사이카쿠의 주장은 아니다. 이것은 어디까지나 세상에 드문 여자의 하나의 주장으로 그려지고 있는 것에 지나지 않는다. 그런데, 세상에 드문 여자의 주장, 즉 기담(奇談)이라는 전제하에 묘사되기 때문에야말로, 상식의 틀을 넘어 살고 주장하는 여자를 그 세계에 도입할 수 있었던 것이다.

또한, 이와 같은 여자의 행위의 이유를 「인연이란 알 수 없는 것(縁は不思議)」이라고 결말짓는 이야기의 전개가 불만스러운 현대의 독자도 많을 것이다. 그러나, 인연(縁)이라는 불가사의를 매개로 하기 때문에 기담(奇談)이 성립하는 것이고, 그것을 장치로 하기 때문에 당시의 도덕이나 제도의 불합리를, 등장인물의 말로서이기는 해도 고발할 수 있는 것이다. 합리적으로는 설명할 수 없는 인간의 모든 행위를, 「인간은 괴물과 같고 세상에는 별의 별 것들이 다 존재한다(人はばけもの、世にない物はなし)」라는 시점에서 인식하고자 하는 『쇼코쿠바나시(諸国ばなし)』의 입장에서 보면, 불가사의한 인연 때문에 보잘 것 없는 남자에게 모든 것을 바치는 아가씨의 사랑과 불합리의 고발 역시, 이 세상의 넓이를 독자에게 인식시키는 이야기의 하나인 것이다.

조루리 집필

야카즈 하이카이로 이름을 날린 사이카쿠가 우키요조시로 유행 작가가 되었을 때, 조루리(浄瑠璃:전통 인형극) 세계에서 사이카쿠를 주목했다는 것은 그가 두 편의 조루리 작품을 남긴 것으로 알 수 있다. 교토에서 활약하던 우지 가가노죠(宇治加賀掾)가 오사카에서 당시 이름을 떨치던 다케모토 기다유(竹本義太夫)와 대항할 생각으로 사이카쿠에게 대본 집필을 의뢰한 것이다. 기록에 의하면

첫 작품인 『고요미(曆)』는 흥행에 실패했고, 두 번째 작품 『가이진 야시마(凱陣八嶋)』는 인기는 있었으나 공연도중의 극장 화재로 문을 닫는 바람에, 우지 가가노죠는 오사카에서의 활동을 접고 교토로 돌아갔고, 이후 사이카쿠는 조루리 작품을 쓰는 일은 없었다. 이것은 하이카이를 문학 활동의 근간으로 생각하는 사이카쿠가, 우키요조시의 집필 이외에도 가부키 배우의 평이나 조루리 작품의 집필 등, 다양한 형식과 내용의 산문을 쓰면서, 다양한 세계로의 모색을 꾀하고 있었다는 것을 말한다. 우키요조시의 소재도 호색담 뿐만이 아니라, 기담 괴담의 성격이 강한 작품들을 쓰고 있었다는 점으로도 알 수 있고, 이후의 작품들이 어떤 하나의 장르로 구분하기 어려울 만큼, 끊임없이 새롭고 다양한 소재와 이야기를 작품화하고 있는 것으로 보아도, 일관적으로 다양한 변화를 모색하고 있었다는 것을 말해 준다.

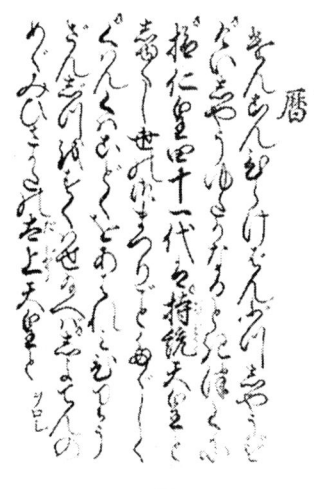

曆

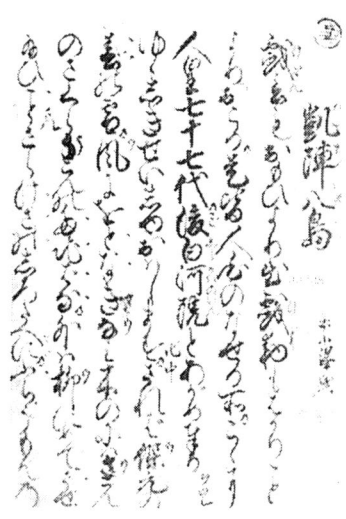

凱陣八島

모델소설 완큐(梡久)

그 중의 하나가 실재했던 당시의 인물을 소재로 한 이야기를 작품화하는 것이었다. 『완큐잇세노 모노가타리(梡久一世の物語)』는 불과 간행하기 두 달 전에 발생한 사건으로, 사소한 시비 끝에 강물에 빠져 익사한 완큐(梡久)라는 상인의 이야기로, 그는 마츠야마(松山)라는 유녀에게 빠져 가산을 탕진하고 나중엔 마츠야마가 돈 많은 사람의 첩으로 팔려간 것을 알고는 광인이 되어 거리를 헤매던 실존인물이었다. 실성하여 거리를 떠돌던 그가 뱃놀이를 하던 그 돈 많은 상인을 발견하고 시비를 붙다가, 일행들에게 얻어맞고 강에 추락하여 익사했었는데, 사이카쿠는 재빨리 이 소재를 작품화했던 것이다.

당시의 도시서민들에게 유흥의 세계는 동경의 세계임과 동시에, 몰락으로 가기 쉬운 지름길인 금기의 세계이기도 했다. 신분의 높고 낮음에 전혀 관계없이 금전만 있으면 모든 사람이 평등하게 대우받을 수 있는 유곽은, 그런 도시서민들이 가장 당당하게 대접받고 욕망을 해소하는 유일한 해방구였던 것이다. 따라서 그들은 유곽과 같은 곳이 일신을 망치기 쉬운 곳으로 출입을 삼가야 할 악소(惡所)이기도 했지만, 반대로 동경과 이상의 공간이기도 했다. 경제적으로 성공하여 유곽 같은 곳에서 최고의 손님으로 대접받는 것은, 도시서민인 조닌들에겐 경제적 성공으로 수반되는 동경의 세계 바로 그것이었던 것이다. 따라서 금기의 대상이자 동경의 세계인 유곽과 관련하여 몰락한 완큐와 같은 인물을, 에도시대 전반에 걸쳐 흔히 볼 수 있었다는 것은, 일본의 근세문학과 예능을 통해서도 얼마든지 확인할 수 있는 일이었다.

사이카쿠가 완큐와 같은 실재한 인물의 사건을 작품화한다는 것은, 당대인들의 관심사에 대해 강하게 의식하고 있었다는 것을 의

미한다. 모델소설이나 자전소설이란 것이 독자에게 인물에 대해 알고 싶어 하는 욕구를 채워주는 기능이 있는 만큼, 동시대의 익사사건을 소재로 한 작품 역시, 독자의 흥미를 끌어당기는 속성을 가지고 있는 것이다. 유행작가가 된 사이카쿠, 하루 밤낮에 2만 3천 5백구를 읊어가며 보란 듯이가 아니고 정말로 내 능력을 인정하라고 강요하듯이 기록갱신으로 자만하는 사이카쿠라면, 이 정도의 상업적 계산은 출판업자의 요구가 없더라도 가능한 것이다.

물론 실재한 인물을 주인공으로 한 소설이라 하더라도, 작품 속에 그려지는 완큐라는 인물상은 사이카쿠가 보고 파악한 완큐일 수밖에 없다. 당시에 가부키(歌舞伎:일본 전통의 서민연극)에서도 인기리에 완큐의 익사사건이 공연되고 있었기 때문에, 사이카쿠의 완큐는 가부키와는 달라야 했을 것이며, 연극이 아닌 소설로서의 이야기일 필요가 있었을 것이다. 따라서 사이카쿠의 완큐 이야기는 많은 재산을 유흥에 탕진하는 과정을 그린 상권과, 마츠야마를 잃은 뒤의 상실감으로 광인이 되어 거리를 떠돌다 익사하는 결말까지의 하권으로 나뉘어 있다. 때로는 연극적인 장면묘사에 치중하기도 하고 때로는 사이카쿠의 우키요조시에 일반적인 골계적인 인물묘사를 하면서, 당대의 도시서민 계층의 독자를 대상으로 한 새로운 소재에 도전한 것이다. 이런 실제 사건과 인물을 소재로 한 이야기를 기와모노(際物)라고 하는데, 완큐의 이야기는 사이카쿠가 기와모노적인 소재에 도전한 첫 작품이 되는 셈이다.

상권은, 꿈속에서 신으로부터 금화가 가득한 창고열쇠를 받은 완큐가, 기분파에 화려한 유흥을 즐기는 큰손님으로 방탕을 거듭하다, 유녀 마츠야마(松山)를 낙적(身請け)하려고 할 즈음에는 파산하게 되기까지를 묘사한다. 하권은, 파산한 완큐(椀久)가 에도로 내려와 다시 일어서 보려고 노력하던 중, 도중에 마음이 변하여 오

사카로 되돌아온다. 옛날 알던 사람들의 도움으로, 때로는 유곽에서 놀기도 하는데, 마츠야마가 椀久에게 마음이 있으면서도 다른 사람에게 낙적된 이야기를 듣고 미치광이가 되어, 오사카 시내를 거지 탁발승의 행색으로 돌아다닌다. 그리하여 죠쿄(貞享) 원년 12월, 뱃놀이를 하는 마츠야마를 낙적한 큰손님의 무리를 발견하게 되는데, 사소한 시비 끝에 큰손님의 일행에게 방망이로 얻어맞다 강으로 떠밀려 익사한다.

椀久一世物語삽화

위의 줄거리에서 보듯이, 사이카쿠는, 독자가 보고들은 실재의 완큐(椀久), 가부키(歌舞伎)에서 연출되던 완큐(椀久) 등의 이미지를 살리면서 이야기를 전개하고 있다. 그런데, 단편적인 결말을 가지는 14개의 각 장에서는, 각각의 취향을 살리면서, 사람 좋고 기분파로 변덕스러운 성격파탄자적인 완큐를 구상화하여, 하나의 신

선한 인물상으로 그려간다. 모델소설인 이상, 실재 모델의 사건을 큰 틀로 하고, 거기에 작자의 허구를 섞어 이야기를 전개하는 방법을 취하는 것은 당연한데, 여기에서는, 때로 골계화되고 때로 과장되면서도 사이카쿠가 본 완큐(椀久), 사이카쿠가 우키요조시(浮世草子)풍으로 정착시킨 완큐가 있다고 말할 수 있는 것이다.

『완큐잇세노 모노가타리(椀久一世の物語)』는, 당세의 사건을 곧바로 소재로 사용하는 유행적 성격을 가지는 점, 독자 주지의 모델을 사이카쿠의 눈과 방법으로 허구화시켜 가고자 하는 점 등으로, 다음 작품『고쇼쿠 고닌온나(好色五人女)』창작의 원점이 되는 작품으로 볼 수 있음과 동시에, 완큐(椀久)의 호색과 그 파탄을 그리면서도, 유곽 이외의 장면이 작품 속에 많이 도입되어,『이치다이오토코(一代男)』『쇼엔 오카가미(諸艶大鑑)』이상으로, 현실사회의 모습이 담겨있는 점도 주목할 만하다. 호색이, 유곽이라는 비일상적인 장소에 한정되거나, 현세의 논리와 동떨어진 시점에서 다루어지는 것뿐만 아니라, 그것이 서서히 현실사회의 일상적인 장과 관련되면서, 그 소재를 다루는 방법도『완큐잇세노 모노가타리(椀久一世の物語)』는 함께 가지고 있는 것이다. 그리고 그 사실은, 이후의 사이카쿠 작품세계의 전개에 당연히 중요한 관련을 갖게 된다.

호색의 세계와 호색을 즐기는 인물들의 이야기를 경묘하고 리듬감 있는 문장으로 경쾌한 웃음의 세계로 이끌어가는 것을 우키요조시라고 한다면, 이런 기와모노적인 소재의 발굴은 사이카쿠 우키요조시의 해석의 폭을 넓혀간 첫 시도인 셈으로, 요노스케의 황당무계한 일대기와는 다른 비현실적인 유곽의 세계가 현실적인 삶의 세계와 관련되어 가는 변화를 보여 주는 작품일 것이며, 다음의 기와모노인『고쇼쿠 고닌온나(好色五人女)』의 비극적인 소재로 이어가는 가교적 역할을 하는 작품이라고 할 수 있다. 또한 완큐를 모델로 한 작품을 집필한 이후(조쿄 2년:1685), 수년간 우키요조시 세계에서의 사이카쿠의 작품 활동은 매우 정력적인 것으로, 다양한 소재를 다양한 테마에 맞추어 연달아 발표하게 된다. 유행작가로서 사이카쿠의 전성기를 맞이하는 것이다.

우키요조시의 유행

『고쇼쿠 고닌온나(好色五人女)』
『고쇼쿠 고닌온나(好色五人女)』와 『고쇼쿠 이치다이온나(好色一代女)』는 각각 조쿄(貞亨) 3년(1686) 2월과 6월에 출간된다. 『고닌온나(五人女)』는 처형·출가·자살·화형·동반자살 등, 실제로 일어난 사건을 중심으로 남녀 다섯 쌍의 사랑·불륜·방화 등의 이야기를 각각 5권의 이야기에 담고 있다. 사이카쿠의 어떤 작품보다도 의도적으로 완벽한 구성을 계획한 듯이 보이는 작품으로, 처음과 마지막 권의 이야기는 먼 지방의 이야기로, 가운데 세 권은 3대도시의 이야기로 되어 있으며, 완큐의 이야기와 같이 이 작품 역시 세상 사람들이 모두 알고 있는 최근의 사건(2,3,4권)을 가운데에, 동시대는 아니어도 대중적인 가요나 속요 등을 통해 이미 알려진 과거의 사건(1, 5권)을 앞뒤에 배치하고 있는 것이다.

제목에 호색이란 단어를 달고는 있지만 지금까지의 호색담은 대부분 유흥과 매춘의 장소를 배경으로 한 이야기들이었다. 그러나 『고닌온나(五人女)』는 조닌들의 생활의 현장에서 일어난 일반인들의 사건들이었고, 그 사건의 원인 또한 현실과는 괴리된 유곽이라는 특수한 유흥의 공간에서 이루어지는 거래의 개념과는 다른, 현실을 살아가는 인간의 마음속에 자연스럽게 싹트는 사랑이란 욕망의 호색이었다. 즉 일반적으로 말하자면 호색이란 개념과는 다른 의미로 인식하기 마련인 것을, 사이카쿠가 호색으로 묘사할 의도를 가졌음으로 해서 붙여진 제목이라는 의미이다.

　신분적으로 유녀(遊女)와 같은 사람들은 특수한 입장에 있는 일종의 상품과 같은 존재여서, 그들에게 개인적인 사랑이란 직업적으로 성립되기 어려운 것이며, 사랑이란 감정에 갇히기 시작하면 복잡한 인간관계 속에서 주어진 역할을 수행하기는 어렵다. 그렇다고 일반인들에게 사랑을 성립시킬 수 있는 자유가 주어지던 시대도 아니었기 때문에, 일반인 여성들에게도 사랑이란 현실적으로 열매를 맺기 어려운 때인 만큼, 젊은 남녀의 사랑이 결혼으로 까지 연결되는 것은 사회적으로 상상하기 어려운 시대였다.

　다섯 쌍의 남녀가 사랑이란 감정에 휩싸이면서, 그 감정이 이끄는 대로 사랑을 실현한다는 것은, 당시의 사회적인 관습으로는 용납되지 않는 것이었다. 더구나 2권과 3권의 경우는 유부녀의 불륜이기도 하다. 그럼에도 당시 가부키(歌舞伎)나 조루리(淨瑠璃)로 무대에 올려진 작품은, 그들 사건의 결말이 처형이나 자살 등으로 끝난 것으로 인해, 비극적인 사랑의 이야기로 강조되고 각색되어 있었다. 항상 독특한 문장으로 작품의 특성을 나타내 오던 사이카쿠가 이런 소재를 작품화함에 있어서, 여타 다른 작품들과 비슷한 이야기로 만들어낼 리는 없었고, 호색이란 제목을 붙인 만큼의 집필 의도는, 희극적인 장면묘사 등으로 작품을 통해 확인된다. 즉 비극의 소재를 희극적인 호색의 경쾌한 묘사로 바꾸어 냄으로 해서, 작품을 읽는 독자들이 재미있게 읽을 수 있도록 배려했던 것이다. 그래서 같은 소재를 작품화한 다른 장르의 고닌온나(五人女)와는 달리, 사이카쿠의『고닌온나(五人女)』만은 비극적인 소재이면서도, 인간의 욕망을 희극적으로 웃고 즐길 수 있는 내용의 기와

모노가 되어 있었다. 소재로 취재한 사건의 내용을 요약해 소개하면 다음과 같다.

권1 「姿姫路清十郎物語」는, 칸분(寬文) 2년(1662) 반슈(播州)지방 히메지(姫路)에서 발생해, 유행가로 불려지고 연극으로도 다루어졌던 다지마야(胆馬屋)의 데다이(手代:고용인) 세이쥬로(清十郎)와 다지마야(胆馬屋)의 딸 오나츠(お夏)와의 밀통사건이다. 두 사람은 함께 도망쳤다가 잡혀와, 세이쥬로는 처형되고, 그 충격으로 오나츠는 일시적으로 미쳐버린다.

권2 「情を入し樽屋物語」는, 죠쿄(貞亨) 2년(1685) 정월에 발각된 오사카(大阪)의 다루야(樽屋)의 부인 오센(おせん)과 이웃집의 고지야 초자에몬(麹屋長左衛門)과의 간통사건이다. 오센은 발각 즉시 자결해 버리고, 초자에몬(長左衛門)은 잡혀서 처형된다.

권3 「中段に見る暦屋物語」는, 덴나(天和) 3년(1683) 9월에 잡혀서 책형에 처해진, 쿄토(京都) 고요미야(暦屋)의 데다이(手代) 모베에(茂兵衛:작품 속에서는 모에몽(茂右衛門))와 고요미야(暦屋)의 부인 오산(おさん)의 간통과 도피사건이다.

권4 「恋草からげし八百屋物語」는, 덴나(天和) 3년(1683)에 방화죄로 화형에 처해진 에도(江戸) 혼고(本郷)의 채소상인의 딸 오시치(おしち)와 데라코쇼(寺小姓) 기치자부로(吉三郎)와의 연애사건이다.

권5 「恋の山源五兵衛物語」는, 간분(寬文) 3년(1663) 사츠마(薩摩)에서 발생해, 유행가로 불려진 류큐야(琉球屋)의 딸 오만(おまん)과 겐고베에(源五兵衛)와의 연애와 동반자살사건이다.(단, 『고닌온나(五人女)』에서는, 작품의 마지막을 해피엔

드로 끝내는 당시의 문예관습을 지켜, 두사람의 사랑이 성취되었다는 내용으로 바뀌어져 있다.)

이 중에서 권4의 「恋草からげし八百屋物語」를 통해 작품의 일면을 살펴보자.

권4의 1은, 우선, 에도의 연말의 어수선한 분위기를 묘사하고, 연말이 다가온 덴나(天和) 2년 12월 28일의 에도대화재의 모습을 묘사한다. 그 화재로 집을 잃은 오시치는, 어머니와 함께 고마고메(駒込)의 기치죠지(吉祥寺)로 임시거처를 옮긴다. 어느 황혼 무렵,

吉祥寺

젊은 청년이 손가락에 박힌 가시를 족집게로 뽑으려고 하고 있는데, 어머니가 그것을 보고 뽑아주려고 했지만, 노안으로 눈이 어두워 잘 뽑지 못하고 있었다. 오시치는, 자신에게 맡기면 금방 뽑을 수 있을 텐데 하고 생각하면서도, 함부로 나서기 쑥스러워 떨어져

보고만 있었다. 결국 어머니는 오시치를 불렀다. 오시치는, 청년의 손을 잡고 가시를 뽑아 도와주었고, 이 젊은이는 그 순간, 오시치에게 반해 오시치의 손을 꼭 쥐고 있었다. 손을 뺄 수 없을 만큼 꽉 쥐고 있었기 때문에 오시치는 어머니가 볼까봐 민망했고, 자신도 돌아가고 싶지는 않았지만 어머니가 기다리고 있어서 어쩔 수 없이 돌아설 때, 일부러 족집게를 들고 왔다가 족집게를 돌려주러 간다며, 뒤따라가서 그의 손을 다시 꼭 쥐어 주었다. 두 사람은 서로 사랑하는 마음을 품게 되었다. 오시치는 이것을 계기로 오노가와 키치자부로(小野川吉三郞)와 사랑에 빠져, 매일같이 편지를 계속 주고받으면서도, 좀처럼 사랑을 확인할 기회를 얻지 못하고 십수일의 시간이 지나버린다.(이상 권4의 1)

사랑의 마음이 더욱 깊어진 오시치는, 1월 15일 한밤중에 절의 장로가 외출한 것을 틈타, 기치자부로(吉三郞)의 침소에 숨어든다. 도중에 신봇치(新発知:절의 동자승)에 들키기도 하면서 난관을 거치지만, 오시치와 기치자부로는 결국 사랑을 이룬다. 그런데, 어머니가 그것을 알고 오시치를 기치자부로의 거처에서 끌고 나간다.

(이상 권4의 2)

어머니는 새집에 돌아온 후 엄하게 오시치를 감시하지만, 두 사람은 하녀의 도움으로 계속 편지를 주고빋는다. 어느 눈 내리는 저녁, 기치자부로(吉三郞)는 버섯 등을 파는 시골아이의 모습으로 변장하고 오시치의 집에 찾아온다. 눈 오는 저녁이라 시골로 돌아갈 수도 없는 상황을 걱정한 오시치 아버지의 도움으로, 하룻밤을 부엌 바닥에서 자게 된 기치자부로는, 추위와 함께 피로로 인해 기력을 잃어가고 있었는데, 그것을 모르는 오시치는 조카의 출산 소식을 듣고 부모님이 갑자기 외출한 뒤 문단속을 하러 나온다. 이 때 우연히 기력을 잃어가는 초라한 시골아이가 기치자부로(吉

三郎)라는 것을 알게 된 오시치는, 기치자부로(吉三郎)를 자신의 방에 옮겨 간호해 주고, 이윽고 정신을 차리게 된 기치자부로와 둘이서 사랑을 속삭이며 하룻밤을 보내려고 한다. 그러나 그때, 부모님이 돌아왔기 때문에 두 사람은 소리 내어 말도 하지 못하고, 종이에 서로의 애틋한 마음을 글로 써가며 하룻밤의 사랑을 나누었던 것이다.(이상 권4의 3)

두 사람의 사랑이 시작된 계기부터 사랑의 경위를 설명한 여기까지의 부분이 사이카쿠의 창작이라는 것은 말할 필요도 없는데, 여기서는 다양한 취향을 담아가며, 때로는 소극(笑劇)풍으로 기교를 부리며 이야기를 구성해 간다. 더구나 그 문체는 경묘하여 두 남녀의 사랑을 이루어 가는 장면묘사에 조금의 끈적거림도 없다. 거기에는 비극적인 결말로 끝나는 것은 아랑곳 하지 않고, 적극적인 삶을 사는 두 남녀의 호색이야기가 전개되고, 밝고 발랄한 세계가 제시되어 있다. 사이카쿠의 필체는, 세간의 상식·현실세계의 논리를 초탈하여 사는 것에 모든 것을 건 것 같은 두 사람의 사랑을, 독자의 홍소(哄笑)를 추구하면서 재미있고 우스꽝스럽게 묘사해간다. 적어도 거기에 비극적인 성격은 없으며, 사이카쿠는 비극적 이야기를 의도적으로 밝게 쓰고자 하는 것도 아니라고 해도 좋을 것이다.

그런데, 권4의 4가 되면, 돌연 상황은 변한다. 오시치는,「어느 날, 바람이 몹시 거세게 부는 저녁 무렵에, 언제던가 화재를 피해 절로 대피하던 그 소란함을 떠올리다가, 또 다시 그런 화재의 소란한 상황이 온다면, 기치자부로를 다시 만나게 되는 것은 아닐까 하고, 순간적인 생각으로 방화라는 위험한 생각을 하게 되었고, 그것이 자신의 운명을 결정하는 사건이 되고 말았다. 연기가 솟아오르고 사람들이 놀라 떠들어대는 상황에서 달아나는 오시치의 모습이 사람들 눈에 띄었다. 방화를 저지른 죄로 온 에도를 끌려 다닌 오시치는, 화형에 처해지게 되는데, 오시치는 이미 각오를 한 것인지, 몸단장도 게을리 하지 않고 평상시와 같이 머리도 단정하게 빗어 올리고 있었다. 그 아름다운 자태를 아쉬워하는 듯, 봄날의 꽃잎들도 우수수 떨어지고 휘파람새의 울음소리도 처절하게만 들리는데, 사월 초순 무렵, 이제 마지막 준비를 하란 말에, 현세를 떠나는 마지막 와카(和歌) 한 수를 읊고는, 육신은 시나가와(品川)의 시바(芝)근처에서 한바탕의 연기가 되어 스러졌다.

당시 화형장 자리

오른쪽은, 권4의 4 전반부는 위와 같은 내용이다. 그리고 후반부에는 오시치의 화형 소식을 모르는 기치자부로(吉三郞)의 한탄과 오시치 부모의 한탄이 이어지는데, 그 문장은 전 장까지와는 대조

적일 정도로 간략하다. 특
히, 권4의 중심적인 이야기
가 될 것이라 생각되는 오
시치의 방화와 화형 부분
이 다른 부분에 비해 너무
나도 간략하게 정리되어 있
는 듯이 보인다. 또한, 「봄
날의 꽃잎들도 우수수 떨
어지고 휘파람새의 울음소
리도 처절하게만 들리는데…
(春の花も散り散りに、ほと
とぎすまでも惣鳴きに)」이
하의 기술에서 인생의 마
지막(辞世) 와카를 읊게 하
고, 그 애절함을 강조하는

오시치 吉三郎 묘

감정이입의 문체 등은, 중세의 모노가타리(物語)류의 상투적인 내용과 표현으로 보이는 문장이다. 그런데 사이카쿠(西鶴)가 오시치 이야기의 중심이 되는 이 부분을 이와 같이 간략하게 또한 무성의하게 보이는 문체로 쓴 이유를 추측하는 것은 간단하다. 사이카쿠에겐 독자가 이미 알고 있는 것을 기술할 필요가 없기 때문이고, 그 부분에서 역량을 발휘하여 자신의 체면을 세울 필요를 느끼지 않았기 때문이다.

그래서, 제 3장까지 사이카쿠가 형상화해 온 호색(好色)의 이미지가 있었기 때문에, 발랄하고 상큼한 여자 오시치와, 여기에서의 약간 무성의한 오시치 묘사와의 사이에는 분명한 단절이 있다. 사이카쿠가 오시치를 그리려고 하는 동기가, 여기서 간략하게 또한 정서적으로 과다하게 전해진 세간의 소문 때문이었다고 해도, 사이카쿠는 거기서 그 역량을 발휘하지 않는다. 오히려 사이카쿠는 오시치의 사랑을 호색이라 정의하고, 각권의 다섯 장과 스스로 정한 틀 속의 권4 전반의 세 장에서, 오시치를 허구의 상으로 조형해 가는 데에, 그 솜씨를 발휘하고 있는 것이다.

이러한 사정은 다른 네 권의 이야기에서도 알 수 있다. 각각의 이야기의 큰 틀은 비극임에 틀림없지만, 사이카쿠는 오히려 희극적·소극적으로 이야기를 진행해 가는 것이고, 희극적인 부분을 유기적으로 비극 속에 집어넣어 살리려는 의도를 가지고 있지는 않다. 따라서, 아마도 독자는 전반부에서 너무 웃어버린 나머지, 후반부의 때로는 간략한 기술 혹은 약간 무성의한 비극적인 결말의 문장에서 눈물을 흘리는 일은 없을 것이다.

이와 같이 본래 비극으로서의 구조를 갖지 않고, 우키요조시(浮世草子)에 지나지 않는 사이카쿠의 『고닌온나(五人女)』는, 독자의 눈물을 필요로 하지 않는다. 호색하기 때문에, 일반 가정의 자녀와는 다른 삶을 살고, 독자를 홍소하게 하면서 비극적인 결말을 맞이하는 주인공들을 그림으로써, 그것은 현실세계인 우키요를 사는 인간의 모습으로 독자를 즐겁게 하기만 하면 되는 것이다. 지금까지 소재가 비극인 것에 너무 주목하여 『고닌온나(五人女)』의 비극성을 강조하는 일반적인 평가는, 아마도 사이카쿠의 진의를 제대로 파악한 해석은 아니라고 해야 할 것이다.

『고쇼쿠 이치다이온나(好色一代女)』

정월 7일, 사가노(嵯峨野)를 산책하고 있던 작자로 생각되는 인물은, 호색으로 초췌해진 몰골의 두 젊은이를 발견한다. 두 사람이

나누는 이야기에 흥미가 끌려 뒤를 쫓아가니, 두 사람은,「호색암」이라는 현판이 걸린 암자로 들어갔다. 주인은 70세를 넘은 노파였는데, 어딘지 과거를 숨기고 살아가고 있는 것 같았다. 한층 더 흥미가 끌려 밖에 서서 그들의 이야기를 듣고 있자니, 젊은이들이 할머니에게「일신상에 있었던 일들을 지금의 일처럼 말해 달라(身の上の昔を時勢(＝当世風)に語り給へ)」고 요청한다. 그에 응답하여 노파는「일생동안 겪은 호색행위로 안 해본 일 없이 다해

好色一代女

好色一代女 1권1장 삽화

본 체험담(一代の身のいたづら、さまざまになりかはりし事ども)」을 꿈꾸듯이 말하기 시작하는 것이었다.

이러한 설정으로「이치다이온나(一代女)」의 참회는 시작되고 그 이후 1인칭으로 이야기가 전개되어 간다. 문체상으로 말하면, 때로 1인칭의 서술이 뛰어나기도 하고, 자신의 일을 제3자로서 서술하기도 한 부분도 있는데, 일대녀의 참회라는 형태는, 마지막 장인 권6의 4까지, 일단 지켜지고 있다고 할 수 있다. 이것이 중세 모노가타리 이래의 일반적인 참회문학의 형태를 빌어 설정된 취향이자 구상이라는 것은 말할 필요도 없다. 이러한 설정 하에, 『이치다이온나(一代女)』의 24장에서 주인공 일대녀의 일생은 실로 전환을 맞이한다.

영락한 귀족의 후예로 태어난 주인공은, 우선 궁중에 봉사하는 동안에 낮은 신분의 젊은 사무라이와 사랑을 하게 되고, 이들의 사랑이 발각되어 젊은 사무라이는 처형당하게 되고, 주인공은 궁에서 쫓겨나 집으로 보내진다. 그 13세 때의 체험을 비롯해 이하 무희가 되기도 하고 다이묘(大名)의 첩이 되기도 하는 생활을 계속한다. 부모가 어느 조닌(町人)의 빚 보증인이 되었는데 그 사람이 도망을 가버려, 대신 빚을 갚을 수밖에 없었고, 주인공은 부모를 위해 시마바라(島原)에 몸을 팔아 유녀가 된다. 미모와 교양이 풍부한 주인공은, 최고위의 유녀인 다유(太夫)로 나서는데, 귀한 가문의 출신임을 내세워 손님접대가 좋지 않았기 때문에 손님의 발길이 뜸해지고, 차례로 급이 낮은 덴진(天神)・가코이(鹿恋)・하시조로(端女郎)까지 각 장마다 유녀의 급이 떨어진다. 13년의 유녀생활이 끝난 후인 권2의 3 이하도, 여자 혼자로 살아가지 않으면 안 되는 주인공은, 권6의 3까지의 17장에서, 각 장마다 하나 이상의 다른 직업으로 생활을 해나가게 된다. 거기에는, 봉건시대의 여성이 생활비를 얻기 위해서 가질 수 있는 직업의 대부분이 망라되어 있는데, 여자가 자립하여 혼자서 살아가는 길이 막연하던 시대를 반영하여 그 대부분은 몸을 파는 것이었다. 사이카쿠는, 주인공에게 그러한 직업들의 실체를 보여주며, 그 직업을 가진 주인공의 남자관계를 둘러싼 꽁트 풍의 이야기를 각 장마다 전개한다. 결국 권6의 3에 이르러서는, 화장으로 꾸미고 어둠으로 나이를 감추는 밤거리의 매춘부로 나서도 사람들이 상대하지 않을 만큼 늙고 초라해진다.

그리하여 마지막 장에서는, 다이운지(大雲寺)에 들러 참배하던 중, 오백나한(五百羅漢)의 조각상들이 지난 세월동안 관계를 가진 많은 남자들의 얼굴들로 보이며, 자신의 부끄러운 인생을 되돌아보면서, 주인공은 통곡한다. 법사가 이유를 물어도 대답하지 않고 그 자리를 떠나, 히로사와(広沢)의 연못에 몸을 던져 죽으려고 한다. 그러나 때 마침 그곳에서 마주친 친분이 있던 사람에게 제지당한 뒤, 지금은 지난 호색의 인생을 참회하며 이 암자에서 살아가고 있다고 말한다.

『고쇼쿠 이치다이온나(好色一代女)』는 일대남의 여성판으로, 몰락한 귀족 후예의 딸로 태어나 다이묘(大名:지방영주와 같은 번의 수장)의 첩으로 채택되면서부터 시작되는 파란 많은 한 여자의 일생을 내용으로 한다. 노년에 들어 과거를 참회한다는 전체적인 구상 하에 만들어진 이 작품은, 최고의 유녀에서 거리의 매춘부까지, 또는 상인이나 절과 같은 곳에 고용되어 벌이는 호색 행각을 중심으로, 당시의 호색 풍속을 총망라하려 했다고 할 수 있을 만큼, 다양한 직종과 상황에 처하며 변신을 거듭하는 여인의 이야기이다. 도저히 한 사람의 일생으로 볼 수 없는 과장된 호색풍속의 경험 등을, 찾아온 두 젊은 남자 앞에서 술회한다는 설정 자체가, 어쩌면 한 사람의 일생을 그리기보다 다양한 호색풍속을 소개하기 위한 방법으로서 일대기가 설정되었음을 암시하기도 한다.

그러나 이 작품은 호색의 일생을 참회한다는 이야기의 틀로 인해서, 종래 불우하고 파란만장한 여인의 일생으로 읽히는 경향이 있었다. 하지만 작품의 첫 장과 마지막 장을 제외하면 비극적인 삶에 대한 회한이나 고뇌의 묘사는 거의 찾아볼 수도 없다. 여주인공은 잡초적인 강한 생명력을 가지고 거친 삶을 즐기며 살아내는 것처럼 묘사되고 있으며, 그런 인물의 성격은 그녀가 체험하는 모든 상황을 적극적이고 긍정적인 자세로, 아니 오히려 자발적으로 선택하여 경험한다는 인상을 준다. 따라서『고닌온나(五人女)』의 경우와 마찬가지로 이 작품 역시 파란만장한 여인의 기구한 일생이란 시각으로 읽혀지기보다는, 한 여인의 호색을 희극적으로 다소 과장하면서, 그 속에서 파악되는 인간 욕망의 실체를 묘사해내는 것에 작가의 관심이 있었다고 파악해야 한다.

『고쇼쿠 이치다이온나(好色一代女)』는 인생을 참회하는 이야기라는 구상을 기본 틀로 차용하고 있을 뿐이다. 참회의 틀을 빌림으로 해서 사이카쿠가 전개하고 있는 작품의 세계는, 자유자재로 변신하는 여주인공과 관련된 다양한 호색풍속의 세계가 되는 것이며, 그것을 통해서 묘사되는 세상 사람들의 모습을 보여주는 것이다. 일대녀의 호색 행위에 홍소하면서 읽어가는 독자가 깨닫는 것은, 겐로쿠(元禄)시대를 살아가는 여성들의 다양한 모습들이며, 그들과 관계를 맺는 남자들의 때론 어리석기 그지없는 욕망의 삶의 모습들인 것이다.

소재의 다양성

『이치다이온나(一代女)』를 간행한 직후(1686년 6월)부터 일 년 반 동안, 사이카쿠는 많은 작품을 연달아 간행한다. 이미 호색을 주된 소재로 쓰는 인기작가가 되어버린 그에게, 많은 출판업자들의 러브콜이 몰려드는 것은 당연한 일이겠지만, 그렇다고 해도 그 요구에 모두 응할 수 있을 만큼 다양한 소재를 짧은 시간에 간행할 수 있다는 것은, 그야말로 정력적인 집필활동이라 하지 않을 수 없다. 이제 사이카쿠는 잘 팔리는 글을 쓰는 작가로 인정받고 있다는 것이며, 그에게 대항할 만한 작가를 발견하지 못하는 상황인 것이다. 침체적인 단린파의 하이카이를 대표해, 하루 밤낮동안 2만 3천 5백구의 야카즈 하이카이를 읊는 대기록으로 기세를 만회해보려했지만, 하이카이의 세계는 생각한 만큼 단린파의 세력이 회복되지는 않았다. 서서히 하이카이에도 흥미를 잃어가는 시점에서, 우키요조시로 인기작가 대접을 받게 된 사이카쿠로서는 이렇게 왕성한 집필활동을 하게 된 것이 어쩌면 당연한 결과일 수도 있을 것이다.

그가 호색을 소재로 대단한 인기를 얻었다 해도, 유사한 호색의 이야기를 소재로 자기복제를 거듭하지는 않았다. 아마도 그에게 집필을 의뢰한 출판업자들은 호색을 소재로 한 재미있는 이야기를 원했겠지만, 사이카쿠는, 앞의 구의 세계와 이미지의 연결고리는 가지고 있도록 하되, 끊임없이 다른 노래의 세계로 변화하기를 전제로 하는, 하이카이의 세계에서 문학적인 훈련을 한 탓일까, 우키요조시에서도 소재나 테마에서 다양성을 추구하며, 계속해서 작품의 세계에 변화를 추구한다. 그리고 그런 변화의 근저에는, 인간의 다양한 욕망의 얼굴을 변함없이 읽어내는 사이카쿠의 예리한 인간인식이 있었다.

조쿄(貞享) 3년(1686) 11월에 『혼쵸 니쥬후코(本朝二十不孝)』, 이듬해(1687) 정월에 『난쇼쿠 오카가미(男色大鑑)』, 3월에 『후도코로스즈리(懷硯)』, 4월에 『부도 덴라이키(武道伝来記)』, 조쿄 5년(1688) 정월에 『니혼 에이타이구라(日本永代蔵)』, 2월에 『부케기리 모노가타리(武家義理物語)』의 순으로 차례차례 발표되는 작품들을 보면, 불효자 이야기에서부터 무사와 가부키 배우들의 남색 이야기, 무사들의 복수와 의리, 설화적인 이야기, 상인들의 치부담(致富談) 등 그야말로 다종다양하다. 정력적으로 우키요조시에 전력을 기울이고 있는 사이카쿠의 모습이 떠올려질 만큼, 쉴 새 없이 새로운 테마에 맞추어 새로운 작품의 집필에 몰두하고 있었던 것이다. 변화와 집중, 즉 테마와 소재의 변화를 추구하면서도 사이카쿠가 관심을 보이는 부분은 늘 신분의 고하, 연령의 차이, 남녀노소를 불문하고, 그들이 보여주는 행동을 통해서, 인간들이 가지고 있는 생래적이고도 원초적일 수밖에 없는 다양한 욕망에 초점을 맞추는 것이다.

이하 대표적인 작품을 선별해 소개하기로 한다.

『혼쵸 니쥬후코(本朝二十不孝)』

『혼쵸 니쥬후코(本朝二十不孝)』는 에도막부(江戸幕府)의 5대 장군인 요시츠나(吉綱)의 효도장려정책에 편승해 당시에 붐을 이루던 효도 또는 효자들의 이야기 출판물과 관련이 있다. 효자 이야기가 유행하는 세태에 민감하게 반응하여, 역으로 불효자를 내세움으로 해서 차별화된 재미를 의도한 이 작품은, 사이카쿠가 작가로서 대중들의 관심사에 얼마나 민감하고 독자의 관심과 흥미의 소재파악에 철저했는지를 알 수 있게 한다.

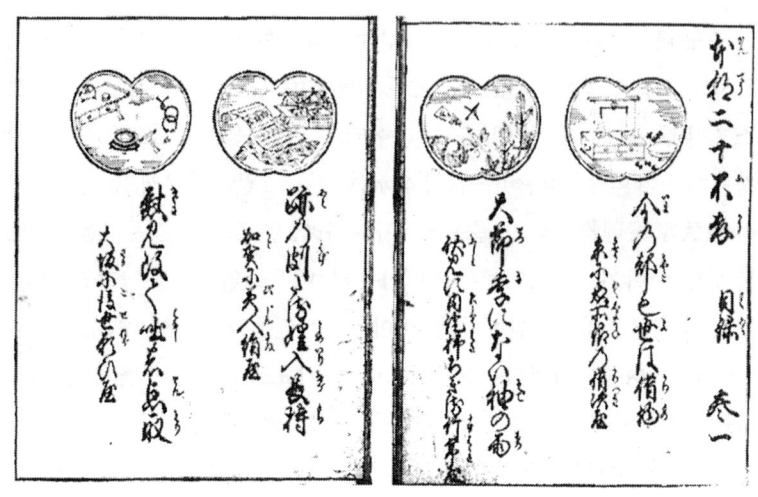

本朝二十不孝목차

　효도장려의 사회적인 분위기를 이용한 이 작품은, 평소의 자극적인 소재를 다루던 것과는 다른, 평범한 작품을 돋보이게 하려는 노력이 여러 곳에서 보인다. 각 권마다 목록에 작은 삽화를 넣어 내용을 암시한다든지, 한 권 속에 대조적인 효자와 불효자 이야기를 반드시 한 장씩 배치한다든지, 불효 아들이 대부분인 작품 속에서 각 권에 한 장은 반드시 딸의 불효를 다룬다든지 하는 식으로, 이전의 작품에 비하여 뚜렷하게 다른, 편집자적인 자세를 보여주기도 한다. 그만큼 사이카쿠가 우키요조시 작가로 인기를 얻으면서 다른 작가들과는 다른 자신만의 이야기 스타일의 창출에, 다양한 부분까지도 세세한 관심과 주의를 기울이고 있었다는 것을 알 수 있다.
　이 작품에서 사이카쿠가 노린 것이 효자를 불효자로 뒤바꿔, 더욱 강조된 효도 장려를 의도했다고 보아야 할 것인가 아닌가의 문제는, 그다지 중요한 문제는 아닌 것 같다. 왜냐하면 불효자를 강조함으로 해서 상투적이고 유형적인 효도의 의미를 강조하고는 있으나, 작품에서 역점을 두고 있는 부분 또는 강조된 부분은, 황당할 만큼 극악한 불효자들의 행위의 구체성이며, 상상을 초월하는 인간적 악의의 강조에 있다는 것이다. 그러한 불효의 구체적인 묘사에서 역설적인 효도의 강조는 의미가 퇴색되고, 오히려 그런 과장된 불효의 과격함이 효도의 의미를 무화시키며, 현실감을 잃어버린 이야기에서 추구할 수 있는 유일한 목적인 웃음의 의미만이 남는다는 것이다. 따라서 20명의 불효자를 다면적으로 묘사하고, 그로 인해 확대된 다양한 세상 사람들의 마음속의 욕망과 세태가 파악되는 것이며, 그것을 재미있는 읽을거리로 표현해 내는 데에 관심이 집중되는 것이다.

때로는 그럴듯하게 이야기의 끝에 덧붙여지는 상식적인 교훈을 뒤집는 것 같은 모순을 보이는 경우도 있으나, 이념으로 자신의 인식을 한정하고 규제하려 하지 않는 사이카쿠에게, 사소한 모순과 불일치는 그다지 치명적인 결점으로 의식하지 않고 있는 것 같다는 점은, 다른 작품의 많은 예에서도 파악할 수 있다. 오히려 스스로 인식하고 있는 것이 이념과 믿음의 상식적 범주를 초월했을 때, 모순된 양자를 병존시켜 놓은 채로, 자신이 인식한 것을 확대해 가는 데에 선념하는 것이 사이카쿠의 진면목이라고 할 수도 있다. 그런 면에서 당대의 이슈를 당대의 풍속과 세태로 역설적으로 강조하는 이야기 속에서, 사람의 마음속에 자리 잡은 욕망의 부침을 사이카쿠는 어떻게 파악하고 있으며, 그것이 작품속의 효도나 불효와 얼마나 효과적으로 관계하고 있는가를 주목할 필요가 있다고 하겠다. 그런 의식을 엿볼 수 있는 창작의 방법을 들어 보자.

本朝二十不孝2권1장 삽화　　　本朝二十不孝2권1장 삽화

　사타케 히로아키(佐竹昭広)씨는 『니쥬후코(二十不孝)』서문의 연기(年記:貞享4年 正月)와 안쪽에 기록되어 있는 간기(刊記: 貞享3年 霜月)가 다른 점에 주목해서, 당시의 『本朝孝子伝』삼판(三版) 간행(貞享3年8월)의 정보를 얻은 오사카의 출판사에서 그 경쟁 작품으로 사이카쿠에게 쓰게 한 것이 무언가의 이유로 늦어진 것이 아닐까 하는, 데루오카 야쓰타카(暉峻康隆)씨의 설에 찬성하면서, 사이카쿠가 『혼쵸코시덴(本朝孝子伝)』今世部를 종축(縱軸)으로, 『니쥬후코(二十不孝)』를 횡축으로 하여 『니쥬후코』를 제작했다고 지적한다. 게다가 『니쥬후코』의 설화를 종횡무진으로 활용했다고 지적하고 있는 만큼, 「四孝」를 「不孝」로 바꿔칠 정도로 대담하고 철저한 사이카쿠의 수법이 있었음을 암시하고 있다. 분명히 사이카쿠가 효도장려의 분위기에 편승해서 본 작품의 창작에 임한 것은 부정할 수 없을 것이다. 그러나 작품의 내용을 음미해보면, 『니쥬후코』와 『혼쵸코시덴』의 활용을 통해 엿볼 수 있는 사이카쿠의 의도가 보인다.

권2의 1「我と身をこがす釜が淵」는 『二十四孝』의 중국의 효자 곽거(郭居)를 떠올리게 하면서도 지금 세상에는 없는 일이라며 그 효행의 현실성을 부정하면서도, 「加茂川の下に釜が淵といふは石川五石衛門を焚たる釜のなかれとまりしと也」라는 부분에서도 밝혀지고 있듯이 당시 사람들이라면 누구라도 알고 있는 악인 이시카와 고에몬(石川五石衛門)을 연상시키는 문맥으로 옮겨가고 있다. 어울리지 않는 신분을 탐한 악인을 불효자로 그려내고자 한 사이카쿠의 의도가 「부귀에 고통 있고, 빈천(貧賤)에 즐거움 있다」는 세상살이에 달관한 노장적(老莊的)인 자세를 보이고 있기 때문이다. 사이카쿠가 도처에 악인은 곧 불효자라는 등식의 문맥을 보이고 있는 것을 보면, 곽거와 같은 효행의 비현실적인 방식을 이야기하고 효행의 상징인 가마솥(釜)에서 그와는 반대로 「어울리지 않는 신분을 바란」 악인이, 가마솥에서 달구어지는 처형을 받게 되는 현실로 나타난 악인의 이미지로 전환시키는 것은 당연한 연상법일 것이다.

여기서 가마솥은 자신의 아이를 땅에 묻으면서까지 부모에게 효도를 다하는 곽거와, 악행을 저지른 끝에 가마솥에 달구어지는 처벌을 받은 이시카와 고에몬(石川五石衛門)을 동시에 연상시키는 모티브로서 이용되고 있다. 그 외에는 부모의 이야기를 듣지 않는 아들과 그 아들의 못된 짓을 한탄하는 부모가 설정되고 후일담적인 처형의 이야기로 전개되어 간다.

사이카쿠는 「어울리지 않는 신분을 바란」 사람들의 파멸이라는 인물설정을 하는 시점에서 이미 이시카와 고에몬에 관심이 있었다는 것을 명확하게 밝히고 있는 셈이다. 따라서 이야기의 횡축으로서 곽거의 효행은 너무나도 비중이 작은 것이다.

또한 종축으로 지적하고 있는 『本朝孝子伝』今部의 中江惟命와도 상당한 거리가 있다. 어머니를 위해 먼 임지의 관직을 그만두고 고향인 오우미(近江)로 돌아와 효행을 다한 나카에(中江)를 역으로 불효자로 그리려 하며, 「극악한 불효자」인 이시카와 고에몬(石川五石衛門)을 「近江泥棒の巨魁に仕立てた」라고 하고 있다. 그러나 효행을 불효로 전환시킨다는 기본노선만을 제외하면, 두 사람을 이어주는 연결고리는 오우미라는 지명뿐이다. 또한 이 오우미(近江)라는 지명 역시 다른 이미지에서 붙여진 것이 아닐까 생각한다. 그것은, 아버지인 이시카와 고타유(石川五太夫)의 묘사가 두드러진다는 점에 주목하면 알 수 있다.

이 이시카와 고타유(石川五太夫)의 설정 과정에 관해서는, 옛 성인으로서 공자가 있고, 이에 대해 「현세의」 성인으로서 사이카쿠가 中江惟命을 연상했을 것이라는 견해로 복잡한 하이카이(俳諧)의 츠케아이고(付合語) 도식을 제시한 설이 있는데, 하이카이적인 연상은 사이카쿠의 우키요조시(浮世草子) 창작의 하나의 방법으로서는 지적할 수 있을 것이라 생각한다. 그러나 과연 사이카쿠가 浮世草子의 창작에 임하여 그토록 주도면밀한 하이카이의 연상법을 따라 이야기 구성을 꾀하였을까 하는 점에 관해서는 의문을 갖지 않을 수 없다. 그보다는 사이카쿠의 연상방법은 기본적으로 단발적인 연상법으로 보는 것이 타당하지 않을까 생각된다.

예를 들어 곽거에서 가마솥 처벌을 받은 이시카와 고에몬으로 연결해 가는 정도는 간단하게 증명할 수 있는 연상법이다. 그러나 설사 오우미라는 배경설정만으로 옛 성인인 공자에 대한 현세의 성인 中江惟命라는 식의 연상이 가능했었다고는 하더라도, 中江惟命에서 이시카와 고에몬으로의 역전환은 아무래도 부자연스럽다.

솥과 아이를 묻은 곽거의 이야기의 연상이라면 그대로 가마솥 처벌을 받은 이시카와 고에몬의 악행을 형상화하는데 그쳤을 것이다. 솥 안의 고에몬과 아이가 그려져 있는 작품 속 그림의 처벌 장면은, 이러한 연상의 패턴을 자기 나름대로의 연상에 기준해서 불효자의 이야기로 이어갔다는 것을 나타내주고 있다.

사이카쿠는 『二十四孝』이든 『本朝二十孝』의 今世部이든 효도를 장려하는 시대적 분위기에 맞추어 「효를 권하는데 일조」한다고 스스로 선언했던 이야기에 어울리는 악인을 그리기만 하면 되는 것이다. 오히려 하이카이의 연상 방법을 이용한 구성이라면 『니쥬후코(二十不孝)』가 산문인 우키요조시(浮世草子)인 이상, 전체의 이야기를 형성하는 다수의 비교적 독립적인 문장들이 순차적으로 연상에 연상을 따라 이어져가야 되지 않겠는가. 사이카쿠의 연상방법은 주도면밀한 구성 아래 복잡하고 치밀한 연상을 따라간다 말하기는 어렵다. 만약, 그러한 연상법을 쓰는 작가라면 부모에 대한 불효의 모습을 묘사하는데 좀 더 충실했을 것이다. 그 점은 부모의 회상이라는 이야기 구성으로 大悪人으로서의 활약이 곧 불효가 된다는 논리에 따라 이야기가 전개되고 있는 것을 봐도 알 수 있을 것이다.

그렇다고 한다면, 왜 近江인 것일까? 『二十不孝』안에서 유일하게 당대가 아닌 옛날 이야기로 되어 있기 때문이라고 한다면 너무나 단순하고, 필시 石川五右衛門과 郭居를 동시에 연상시키는 솥 때문이라고 보는 것이 타당할 것이다. 郭居의 釜에서 가마솥 처벌을 받는 五右衛門으로, 그리고 대도(大盗) 五右衛門의 처형의 이미지가 무장(武将) 가네히라(兼平)의 장렬한 최후를 맞이하는 이미지로 이어지는 연상에 의해 붙여진 지명일 것이다. 그 점은 이 이야기가 요쿄쿠(謡曲:가면가극 노오의 대본) 『가네히라(兼平)』의 구성을 이용하고 있다는 점을 통해서도 분명하게 알 수 있는 부분이다. 요쿄쿠『가네히라』와의 관련성에 관해서는 일찍이 후지 아키오(富士昭雄)씨도 지적한 바 있다.

확실히 권2의 1은 이시카와 고에몬(石川五右衛門)이라는 불효자가 주인공임에도 불구하고 내용의 삼분의 이 정도를 부친인 고다유(五太夫)가 화자가 되어, 과거의 고에몬(五右衛門)의 악행을 배에 승선한 손님들에게 고백하는 형식을 취하고 있다. 사이카쿠의 틀에 박힌 이야기 패턴에 따른 묘사 방법이라는 점을 인정한다 하더라도, 남다른 예가 있는 것만은 틀림없다. 고에몬의 악행은 고다유의 입을 빌어서만 묘사되고 있다는 점, 그리고 고다유가 배에 탄 손님의 동정을 사고 끝나는 이야기에, 이른바 후일담 형식으로 고에몬의 악행과 처형의 이야기가 이어지고 있다는 점이다. 그 부분이야말로 오우미(近江)라면 도적, 이라는 연상에서 야바시(矢橋) 사공의 이야기인 요쿄쿠『가네히라(兼平)』로의 연상인 것이다.

말할 것도 없이 요쿄쿠『가네히라』는,『헤이케 모노가타리(平家物語)』에서 기소 요시나카(木曾義仲)를 비호하면서 싸우다, 요시나카가 죽은 뒤 큰칼을 입에 문 채 말에서 거꾸로 떨어져 자해하는 모범을 보인 무장으로서 유명한 이마이 가네히라(今井兼平)의 이야기를 다룬 것이다. 무겐노(夢幻能) 형식을 취하고 있는『가네히라』의 내용은, 전반이 행각승과 그를 태운 늙은 뱃사공(兼平의 혼령)과의 배 안에서의 대화이고, 후반이 오우미의 행각승이 조문을 했더니 가네히라의 혼령이 나타나, 전장에서의 전투와 최후의 장렬한 자해의 모습을 말하는 이야기로 되어있다.

사이카쿠의 이시카와 고에몬은, 이 요쿄쿠『가네히라』의 인물상을 전제로 하고 있는 셈이다. 즉, 전반의 늙은 뱃사공은 부친인 고다유가 되고, 比叡山이나 그 근방의 명소 이야기를 하는 대신에 고에몬의 난폭함을 이야기하게 된다. 후반은 가네히라의 혼령이 전장에서의 모습과 자해의 장면을 이야기하는 대신에, 화자가 알 수 없는 후일담의 형식으로 고에몬이 수도에 와서 도적질을 하고 가마솥 처형을 받게 되는 장면을 묘사하고 있다. 이야기는 앞에 서술한 모두의 글을 제외하면, 『가네히라』의 구성과 완전히 일치한다.

위에서 언급한 것처럼 권2의 1의 고에몬의 이야기는 곽거의 효행을 역으로 전환시키는 모티브로서 솥이 연상되었고, 가마솥처형을 받은 이시카와 고에몬의 불효의 이야기로 마무리지어진다. 즉, 효자의 이야기를 불효자의 이야기로 역전시키는 기발한 아이디어로 자신의 浮世草子를 차별화하고 있는 사이카쿠로서는, 서문에서도「각지에서 보고 듣자니」라고 하고 있는 것처럼, 각지의 다양한 이야기를 모으고 불효자의 이야기로 만들고 있기 때문에, 효도하는 자의 이야기를 공들여 역으로 전환시키기보다는 다양한 불효자의 이야기를 만들어 가는데 어울리는 소재와 구성이라면, 어떤 종류의 소재라도 자유자재로 이용하고 있다고 보는 편이 무난할 것이다. 따라서『二十不孝』로서는 드물게 무가(武家)의 세계인『가네히라』가 이용된 것이다. 대도(大盜)를 아들로 둔 사람의 고통과 탄식을 묘사하는데,『兼平』의 전반은 무엇보다도 적절하게 이용하기 쉬웠을 것이고,『가네히라』를 연상함에 따라 전반과 후반을 나누는 구성방식과, 장렬한 자해의 방식을 취하는 무사에서, 자기 자식을 발밑에 깔고 앉은「어울리지 않는 신분」을 바란 악인의 이미지로 끌고 가는 역전환의 발상도 자연스럽게 나올 수 있는 것이다. 굳이 말하자면, 사이카쿠가 의도한 종축은 불효자를 만들어내기 위해 다양한 효행이야기의 소재를 살린 것이고, 연상은 그 이야기를 살리는 모티브로서 이용되기도 하였지만, 이야기 전체의 전개에 관련되는 문제는 아니다. 이야기 전체의 전개에 관련되는 것은 언뜻 보기에 이야기의 전개 전체를 방해하는 것처럼 이야기의 흐름을 저지하며 계속해서 길게 이어지는 세태 풍속문 혹은 인간 비평문과 같은 문장이야말로 간접적으로 불효 이야기의 문제를 받쳐주고 있는 횡축이 되고 있다.

『부도 덴라이키(武道伝来記)』

『부도 덴라이키(武道伝来記)』는 8권(각권 4장) 32화로 이루어진 무사들의 복수담이다. 에도시대의 무가의 습속으로, 원수를 갚는 것(敵討ち)은 무사들에게 무시할 수 없는 의무이며, 명예롭기를 목숨처럼 여기는 무사의 미덕과 같은 의식이었다. 하지만 사실 이것도 하나의 악습이라고 할 수 있는 것으로, 복수는 연쇄적으로 복수를 불러올 가능성을 가지고 있고, 이 복수에는 사실상 무사로서 살아가기 위한 수단인 봉록의 세습을 목적으로 한 것도 무시할 수

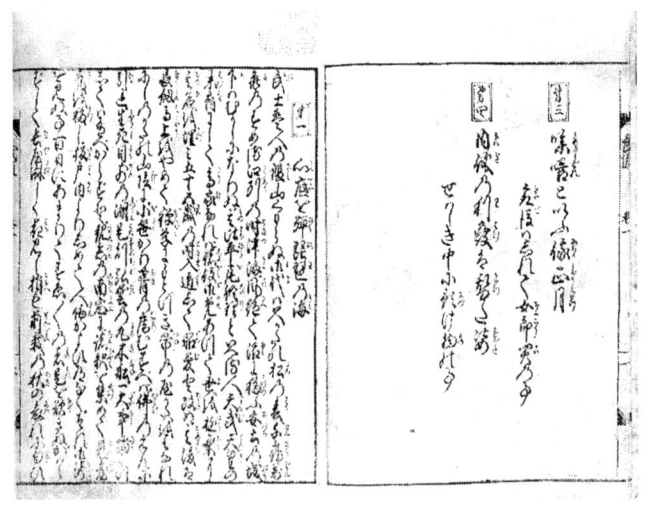

武道傳來記

없는 이유였다. 여기에 상인 출신인 사이카쿠가 의식한 무사계급만의 특별한 미덕인 가타키우치(敵討ち)는 어떻게 인식되고 묘사되어 있는가를 주의 깊게 살펴보면, 뜻밖에도 특별한 인간들이어야 할 무사계급의 복수에 대한 찬미보다는, 살아있는 보편적인 인간으로서의 욕망이 더 부각되는 것을 알 수 있다.

사실 사이카쿠의 부케모노(武家物:무사계급을 다룬 작품)는 상인이란 작가의 신분적인 차이가 원인인지는 몰라도, 사이카쿠의 작품 중 높이 평가를 받아온 고쇼쿠모노(好色物:호색을 테마로 한 작품)나 조닌모노(町人物:조닌들의 금전과 축재를 다룬 작품)와 달리, 문학적으로 완성도가 높다고 평가받지는 못했다. 그러나 다양한 소재를 다양한 테마에 맞추어 집필하면서도 사이카쿠의 작품 속에서 일관되게 견지하고 있는 것이, 다양한 인간상과 그들의 욕망의 현상이라는 시각을 통해 보았을 때, 부케모노 역시 사이카쿠 작품의 보편적인 관심사와 크게 다르지 않다.

겐로쿠(元禄) 7년에 간행된 『고콘부무시카가미(古今武士鑑)』(椋梨一雪著)의 서문에

> 무도전래기란 제목으로 세상에 널리 읽히는 작품이 있다. 이것을 자세히 읽어보면 무엇하나 진실된 이야기가 없다. 난잡한 헛소리 같은 이야기들의 인물들을 들여다보노라면 인간이라고도 할 수 없다.
>
> (武道伝来記と名付けて、世に弘むるあり。窮之見るに、一として実なることなし。猥がはしき虚妄の説のみなれば、人の教になるべき物にしも非ず)

라는 평이 있다. 우키요조시(浮世草子)인 『부도 덴라이키(武道伝来記)』가 난잡한 헛소리 같은 이야기(虛妄の説)라고 하는 평가는, 현대의 문학을 수용하는 자세로부터 보자면 당연할 수도 있는 시각이겠지만, 당시의 일반적인 기준으로 보았을 때는 현실적인 도움이 되지 않는 허구와 같은 이야기들을 그런 부정적인 시각으로 보아 넘길 수도 있었을 것이다. 그러나 난잡한 헛소리와 같은 이야기에 관심을 가지고 있었을 사이카쿠에게는 이러한 소재야말로 가장 우키요조시 다운 소재로서 인식되었을 가능성이 높은 것이다. 『부도 덴라이키』가 우키요조시 다운 이유는 바로 거기에 있는 것이다. 그러나 무사들의 입장에서 보았을 때, 가장 청렴결백하고 불의에 용감한 무사다운 무사들이 절대적으로 용납할 수 없는 인물들이 이 작품 속에는 상당수 그려져 있었기 때문인 것이다. 자존심 없고 비열한 무사들의 「난잡한 헛소리 같은 이야기」들은, 바로 무사를 특별한 인종으로 보아 넘기지 않고 초닌들과 다를 것이 없는 욕망의 존재로 인식했다는 증거인 것이다. 그들은 사이카쿠의 주위에서 흔히 볼 수 있는 당대의 무사들의 모습이었으며, 사이카쿠의 서문에서 말한「武道の忠義、高名の敵討」와는 상당히 거리가 먼 인물들이기 때문이다.

   시대배경을 에도시대 이전으로 할 수 밖에 없었다는 점 또한, 일개 초닌의 신분으로 무사들의 「난잡한 헛소리 같은 이야기」에 관심을 가지고 집필에 임하는 것에 대한 최소한의 안전판을 확보하려는 의도인 것이다. 존경스러운 가치관을 가진 인종인 무사들이면서도 사소한 분쟁으로 경솔하게 목숨을 담보로 벌이는 결투와 복수는, 명예를 위해 목숨을 아끼지 않았던 전국시대의 무사들과는 거리가 있었고, 시대의 설정을 바꾸듯이 표면적으로는 무사의 특별한 가치관에 경의를 표하는 것 같은 포즈를 취하더라도, 내심 사이카쿠의 의식 속에서는 초닌들과 다를 바가 없는 욕망의 실체로 비추어졌던 것이다.

武道傳來記4권 2장

 또한 사소한 분쟁으로 인한 원한 관계의 성립과 자존심의 상처를 입게 된 상대방의 체면을 중시한 복수는, 끊임없이 이어지는 복수의 연결고리를 끊어버릴 수 없는 악순환의 무모한 가치관으로 인식될 수도 있는 것이다. 그것 또한 사이카쿠가 인간으로서 무사들의 복수 이야기에 인간적인 가치관을 가진 대상으로서 무사의 복수담에 관심을 가지고 있었다는 증거이기도 하다.
 그럼에도 불구하고 사이카쿠는 다른 작품에서처럼 호색이나 상인들의 치부담을 소재로 하여 묘사하던 때와는 달리, 작품의 지문이나 대화를 통해 무사들에 대한 직접적인 비평이나 인간인식에 근거한 내용의 문장 등을 거의 쓰고 있지 않다. 그것은 겁쟁이 무사나 비열한 무사상의 묘사 이상으로 직접적인 지문을 쓰기에는 부담스러운 상위 신분의 독자를 의식한 자기보호라고도 볼 수 있고, 아니면 비판적인 의식까지는 갖지 못한 초년 작가 사이카쿠의 단순한 소재에 대한 표현역량의 부족으로도 간주할 수는 있다. 그러나 평소와 다르다는 점은 분명 사이카쿠 자신도 의식하고 있었던 것으로 보아도 좋을 것이다.

무사계급에 대한 조심스런 자세가 있었기에 의식적으로 실재 등장하는 인물들과는 거리가 있는「中古武道の忠義、高名の敵討」를 서문에서 강조하게 되는 것이다. 순사(殉死)와·武家의 체면중시, 굳은 의리를 주목하는 이야기가 권1에 집중되어 있는 것도, 사이카쿠의 무사계급에 대한 조심스런 자세의 반영인 셈이다.

그러나 이러한 소재의 한계에도 불구하고 인간에 대한 냉소적이고 방관자적인 인식의 시선은 변함이 없다. 의리와 명예보다 상위의 가치를 인정하지 않는 무사를 대상으로 해도, 인간의 본질적인 욕망에 민감하게 반응하는 촉각은 여전히 영웅적인 과거의 무사와 달라진 비열하고 경솔하며 겁 많은 당대의 무사들을 주목하는 것이다.

『헤이케 모노가타리(平家物語)』의 소재를 이용하여 당대 무사들과의 이미지의 비교 낙차를 이용하는 인물묘사의 방법 등은 그런 대표적인 예로 볼 수 있다. 권1의 1에서 순사라는 충의의 표현관습을 묘사하는데, 독자들 모두가 알고 있는 시시가타니(鹿ヶ谷)사건에 대한 처벌로 고시라카와인(後白河院)을 감금하는 비충의적인 이야기를 암시하고 있는 점, 명마를 빼앗으려는 집착으로 드러나는 무네모리(宗盛)의 탐욕과 횡포를 대표적으로 보여주는「競」의 이야기 구조와 유사한 무사들의 이야기, 여성설화로서 대표적인 코고(小督)의 이야기가 무사의 치정과 횡포를 묘사하는데 효과적으로 사용되고 있는 예, 몬가쿠(文覚)의 당당한 이미지를 살리는 듯 하면서 사실은 정반대로 겁쟁이 무사를 강조하고 있는 것과 같은 『平家』소재의 이용방법 등은, 모두 이런 이미지의 비교낙차를 통한 당대의 무사들에 대한 간접적인 비판의식이 투영된 방법을 선택한 것이다.

『부도덴라이키(武道伝来記)』의 세계는 이런 의미에서 이미지의 낙차를 이용하는 간접적인 방법을 택하여, 다른 작품들과 마찬가지로 무사들의 복수담과 가치관의 실행으로 나타나는 인간의 본질적인 욕망의 편린들을 포착하려 했던 작품인 것이다.

5

서민의 삶과 금전

『니혼 에이타이구라(日本永代蔵)』

조쿄 5년(=겐로쿠 원년:1688) 정월에『니혼 에이타이구라(日本永代蔵)』를 발표하기 까지, 사이카쿠는 다양한 소재의 작품을 연달아 발표한다. 소재의 다양성은 물론 일정한 테마에 맞추어 다양한 사람들의 각양각색의 이야기들을 그려내고 있는데, 이 시기의 특징으로 말하자면, 다소 무리한 구성으로 일대기와 같은 한 인물의 이야기를 작품화하던 초기의 방법에서 탈피하는 변화를 보이는 것이다. 그것은 다양한 이야기의 모음집 같은 형식을 말하는데, 조쿄(貞亨) 2년(1695)에 간행된『사이카쿠 쇼코쿠바나시(西鶴諸国咄)』가 그 최초의 작품으로 볼 수 있다. 즉 하나의 테마에 맞춰 다양한 이야기를 모아 한 작품으로 완성하는 형식의 작품들이 조쿄 3년 이후, 일 년 반 동안에 발표된 작품의 거의 대부분을 차지한다. 이러한 작품 구성의 방법은 하이카이의 세계에서 하나의 구(句) 속에서 앞뒤 구와의 연결과 독립을 함께 추구하는 작품세계 같은 창작방법에 익숙해 있던 사이카쿠에겐 자연스러운 산문문학의 창작방법으로 인식되어 있었을 수도 있다.

『고쇼쿠 이치다이오토코(好色一代男)』의 인기로 인해, 유사한 호색담의 집필을 주문받았을 사이카쿠가, 당분간은 유사한 일대기 형식을 염두에 둔 호색물의 집필에 의식적으로 신경을 썼다 하더라도, 이제 인기작가가 되어 있어 많은 출판사로부터 집필을 의뢰받는 입장이 된 이상, 또 늘 새로운 소재와 방법을 추구해 온 사이카쿠의 문학적인 관심의 소재가 욕망으로 표출되는 인간의 다양한 삶의 모습들이라는 것을 인지한다면, 이 시기에 왜 사이카쿠가 일정한 테마의 단편모음집과 같은 방법으로 작품을 쓰고 있는지 이해가 되지 않을 것도 없다. 새로운 세계를 모색해 가면서 각각의 작품에 시점을 바꾸어 가며 새로운 문제를 다루어 가던 사이카쿠에게, 가장 자신의 진면목을 발휘할 수 있는 작품세계로 등장한 것이 조닌모노(町人物)이며 그 출발점이 『니혼 에이타이구라(日本永代藏)』이다.

당시의 대도시에서 상공업에 종사하는 서민인 조닌(町人)은 신분상으로는 최하위에 속하는 계급이었지만, 정치적으로는 막부의 장군이 각 지방의 번을 거느리는 봉건제도와 같은 상황 속에서도, 대도시(교토, 오사카, 에도)에 사는 조닌들은 경제활동으로 부를 축적하고 그 부를 바탕으로 자본주의 체제와 같은 여유 있는 삶을

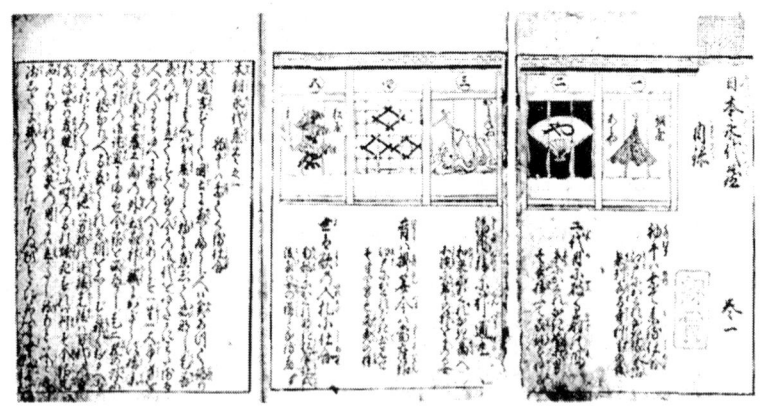

日本永代藏

즐기는 거상들도 적지 않은 사회였다. 따라서 봉건체제와 자본주의 체제가 공존하는 것 같은 기묘한 사회였던 에도 시대에, 신분적인 변화를 꿈꿀 수 없는 도시의 조닌들은, 자연히 부의 축적을 인생 최대의 목적으로 삼아 일신과 일가의 부흥을 꿈꾸게 되는데, 이러한 시대적인 요구에 맞아 떨어진 작품이 바로『니혼 에이타이구라(日本永代蔵)』인 셈이다.

『에이타이구라(永代蔵)』에는 「大福新長者教」란 부제가 붙어 있다. 이것은 당시에 이미 널리 유포되어 있던 교훈서로, 검약과 노력을 부자의 가장 큰 덕목으로 삼는『초쟈쿄(長者教)』를 의식한 부제로서, 사이카쿠가 부의 축적을 꿈꾸는 당시의 일반 독자의 관심을 끌기 위한 의도로 붙인 것임을 알 수 있다. 아마도 부자가 되기 위한 교훈적인 항목을 나열할 뿐, 이야기로서의 재미를 기대할 수 없었던『長者教』와는 차별화된, 돈을 번 사람과 몰락한 사람들의 면면을 살펴보며, 그 이야기의 재미와 함께 교훈적인 메시지도 전달한다는 취지하에서 붙여진 것으로 보인다. 따라서 사이카쿠는 당대 사람들의 시각에서 치부를 위한 자세와 노력에 초점을 맞추어가면서도, 현실을 살아가는 사람들의 심정과 세태풍속을 이야기 속에서 구체화시켜, 돈을 벌기 위한 상인적인 자세에 대한 교훈과, 정보로서의 실용성을 갖추면서도, 금전관계로 얽매이는 인간과 사회의 복잡한 상황과 심리를 통해 문학작품으로서도 재미를 추구할 수 있는 이야기로 집필한 것이다.

조닌의 일상세계인 경제생활에서 소재를 얻어 교훈으로 삼을 때, 그 교훈은 가업에 전념하는 노력과 절약의 자세 같은, 가장 기초적인 상식적 수준의 교훈을 강조하는 선을 넘기 어렵고, 사이카쿠가 「신(新)초쟈쿄(長者教)」를 강조하며 부제로 내세운 의미도, 다루는 소재와 그 소재를 묘사해 내는 방법에 한정되어 버리기 쉽다.

따라서 이 작품은 다른 사이카쿠의 작품에 비해서는 현실인식과 상식적인 교훈을 중심으로 한, 수필풍의 작품구성이 기본적인 방법을 이루고 있으며, 교훈적인 소재를 문학작품으로 다루기 위한 특별한 방법적 구상의 흔적이 강하게 느껴지지는 않는다.

하지만 에도 시대 말기에 이르기까지 거듭 출판되던 당대 최고의 스테디 셀러였다는 점을 보면, 문학적인 재미와 치부를 위한 실용적인 교훈서의 양면을 갖춘, 에도시대의 특이한 문학 작품 향유의 방법도 파악할 수 있는 독특한 문학작품이었음을 알게 된다.

미츠이(三井)의 상법

『니혼 에이타이구라(日本永代藏)』는, 일반모델소설이라 일컬어지고 있다. 사이카쿠 자신이 「금전이 많은 곳에는 넘쳐나도록 많다고 전해들은 이야기를…」 운운하며 권말에 기록하고 있듯이, 거기에 거론된 상인들의 모습은, 사이카쿠가 당시 보고 들은 이야기를 바탕으로 묘사하고 있음에 틀림없고, 그 인물들의 구체적인 모델이 있었을 것이라는 것도 확실하다. 그리고 그 모델이 된 인물들의 이야기 대부분은, 당시의 독자들에겐 잘 알려진 사실이고, 사이카쿠도 독자들만큼은 잘 알고 있었음에 틀림없다. 따라서『에이타이구라(永代藏)』의 경우도 사이카쿠 모델소설의 통례로서, 독자의 지식을 전제로 하면서, 그 모델을 어떻게 묘사할 것인가 하는 점에 주안을 두고 쓸 수밖에 없었을 것이다.

현재,『에이타이구라(永代藏)』에 등장한 인물의 모델은 수없이 지적되고 있다. 그렇다고는 해도 단편으로 쓴 소설인 이상, 당연히 실존인물의 행적의 일면을 중심으로 다루면서, 그것을 구체적으로 작자의 시점에서 형상화하는 방법을 취하고 있기 때문에, 사이카쿠의 방법을 명확하게 할 수 있는 한의 자료를 갖춘 모델 수는 극히 일부이다. 여기서는 우선 모델의 행적이나 그것에 대한 비평 등이 비교적 명확한 두 장을 거론해 본다.

日本永代藏 1권4장 삽화

『에이타이구라(永代藏)』속에 그려진 실존모델 중에서, 그 행적이 가장 구체적이고 확실한 것은, 권1의 4「昔は掛算今は当座銀」에서 다루고 있는 미츠이 하치로에몬(三井八郎右衛門:본문에서는 九郎右衛門이라 한다)의 스루가쵸(駿河町)의 포목점(현 미츠코시 백화점의 전신)개점에 관한 토픽이다.「현금거래에 외상은 사절하는 조건(現銀売りにかけねなしと相定め)」대신에, 천의 잘라팔기 등 소량주문과 긴급주문 같은 손님의 모든 주문에 대응한다는

상법으로, 에도에서 큰 성공을 거둔 미츠이(三井)의 신 상법이 중심적인 화제인데, 사이카쿠의 기술은 약간의 과장을 섞기는 했어도, 일단 사실에 충실한 것으로 보아도 될 것이다.

미츠이의 스루가쵸(駿河町)점포가 개점하기까지의 경위나 그 구체적인 상법과 성공 등은, 현재 『三井事業史·資料編一』에 수록되어 있는 「쇼바이키(商売記)」(亨保七年十一月, 三井宗因作) 등의 자료, 혹은 그러한 자료를 구사한 나카다 야스나오(中田易直)의 『미츠이 코리(三井高利)』(吉川弘文館人物叢書)에 의해 엿볼 수 있다.

엔포(延宝) 원년(1673)에도 혼마치(本町)에 진출한 미츠이는, 기존의 포목상들의 심한 방해를 받으면서도 그 신 상법으로 자신의 위치를 확고히 하여, 텐나(天和) 2년(1682)의 대화재를 계기로, 다음해 스루가쵸(駿河町)에 신 점포를 열고 더욱 번성하는 것이다. 아마도, 이와 같은 미츠이의 신 상법이 에도에서 성공한 토픽은 사이카쿠가 『에이타이구라(永代蔵)』를 쓰려고 하는 시점에서, 가미가타(上方:현재의 관서지방)의 상인들 사이에 널리 알려져 있었을 것이다. 그 때문에 사이카쿠는 그 화제를 자신의 입장에서 다시 다룸으로써, 그 독자적인 작품세계를 구축하는 것을 필연적으로 요청받게 된다. 왜냐하면, 독자가 알고 있는 사실의 보고만으로는 소문의 영역을 벗어나지 못하고, 그것으로는 독자에게 책을 사게 할 만큼의 매력이 생기지 않기 때문이다.

그래서 사이카쿠는 우선, 포목점의 화제를 거론하기 위한 서두로서, 최근 화려해진 풍속에 대한 비판부터 쓰기 시작한다. 권1의 4중 약 3분의 1 정도의 분량을 할애하여, 때로 수사적인 문체를 구사하면서 사치스러워진 의상풍속을 서술하며, 「상인이 비싼 비단 옷을 걸친 것이 보기 싫다든지, 명주는 입는 이의 분수에 맞는 것이 보기 좋다」는 비판을 수록하고 있다. 그러한 비판의 시점은,

「최근의 의복법은 모든 지역과 사람들을 위한 것이니, 지금 생각해 보면 그 법은 고마운 것」이라고 말하는 문장에서도 알 수 있듯이, 당시의 상식의 영역을 벗어나지 않고 있는데, 그만큼 독자의 공명를 부를 수 있었을 것이다.

이 풍속비판 후에, 사이카쿠는 에도의 포목점 상황(商況)으로 화제를 바꾼다. 그리고 무가(武家) 재정의 어려움이나 포목도매상의 경쟁으로 인해, 아무리 필사적으로 일해도「예전과 달리 큰돈을 벌 수도 없고, 포목상들이 에도에 점포를 가지고는 도저히 맞출 수없는 수지타산으로 손해를 본다며, 늦기 전에 업종을 바꾸어 보려고 제각기 궁리를 한다는 에도의 상황을, 3분의 1 정도의 분량을 할애하여 적확하게 기록하는 것이다. 이것은 미츠이의 신 상법이 등장하여 성공하는 필연성을 서술한 부분인데, 그 상황의 파악에는, 원래 상인이었던 사이카쿠의 시각이 충분히 살아있었다고 할 수 있다.

그리하여, 사이카쿠는 그러한 상황 속에서도 미츠이의 성공을 구체적으로 묘사해간다. 즉 자기자본의 힘을 바탕으로 대점포를 열어 이목을 집중시킨 다음, 「현금거래에 외상은 사절」이란 원칙을 정하고, 동시에 천의 질을 판단하기 어려운 고객을 위해, 품목마다 전문가 직원을 배치하여 신용을 얻었다. 게다가, 필 단위로 파는 것이 상식이었던 고급직물까지도 수요에 따라 잘라서 팔 뿐만 아니라, 주문에 맞추어 즉석에서 옷을 지어주는 기동성을 가지고, 어떠한 물품이라도 그곳에 가면 있다고 할 정도로 풍부하게 상품을 보유해, 손님을 끌어 모으는 미츠이의 신 상법은, 말하자면 현재의 백화점 상법의 효시라고 할 만한 것이었다. 이런 내용이 간결한 묘사 속에 구체적으로 담겨있고, 그 성공을 경사스런 것으로 평가하면서 작품은 끝난다.

이처럼 사이카쿠는, 가미가타에서도 이미 알려져 있었다고 생각되는 미츠이 성공의 비결에 대해서는, 전체의 3분의 1 분량만을 할애하여 작품을 마무리한다. 즉, 이 경우의 저명한 모델을 거론한 사이카쿠의 목적은, 독자가 아는 사실을 어떻게 흥미진진하게 전달할 것인가에 있는 것이다. 사이카쿠는 거짓을 쓰지 않는다. 모델의 행적은 가능한 한 간명・적확하게 도입하지 않으면 안된다. 그래서 풍속비판에 의해 독자를 작중으로 불러들여, 에도의 상황 파악 속에서 미츠이의 신 상법 등장의 필연성을 확인시키고, 그 성공비결을 적확하게 표현하는 구성을 취하는 것이다. 그럼으로써 비로소 본 장은, 단순한 소문에 대한 보고의 성격을 벗어나, 한사람의 상인의 훌륭한 삶을 형상화할 수 있게 된 것이다.

자린고비 후지이치(藤市)

『에이타이구라(永代蔵)』권2의1「世界の借屋大将」는, 교토(京都) 무로마치 고이케쵸(室町御池町)에 살며, 주인으로부터 받은 약간의 돈을 자본금으로 하여 나가사키에 행상을 다니며 거액을 모아 부자가 된(『町人考見録』卷中), 후지야 이치에몬(藤屋市兵衛), 통칭 후지이치(藤市)를 주인공으로 한 이야기이다.

그런데, 사이카쿠가 『에이타이구라(永代蔵)』에서 다루기 전의 후지이치란 이름은 인색한 사람 대표자 격으로 유명한데, 그 이야기의 자초지종에 대해서는, 그가 보통사람과는 다른 검약함으로 당시 사람들에게 잘 알려져 있었을 것이다. 그에 대한 악평이라면 『고콘 이느쵸몬쥬(古今犬著聞集)』(덴나(天和) 4年)의 한 장 속에 집약되어 있는데, 여기에는 후지이치가 검약하며 살아가는 모습을 일일이 거론해 가며 부정적으로 평가하고 있다. 사이카쿠는 독자가 주지하고 있는 자린고비인 후지이치를 모델로 하여, 그것을 자신의 시점에서 다시 파악하고, 인색가(吝嗇家) 후지이치라는 이미지를 철저하게 역전시키고자 하려는 것처럼 후지이치를 묘사해가는 것이다.

사이카쿠는 우선 부자이면서도 셋집에 살고 있는 것을 자랑하는 후지이치를 묘사하고, 담보물로 잡은 집이 상대의 파산으로 자신의 소유가 된 것을 안타까워하는 주인공으로 등장시켜 독자의 흥미를 불러일으킨다. 자가를 소유해야만 비로소 한사람의 조닌으로 인정받던 당시에, 후지이치의 행위는 언뜻 이상해 보인다. 하지만, 후지이치 입장에서 보면, 셋집에 살지만 부자로 평판됨으로서 손님의 신용·명성을 확보하는 것과, 셋집을 얻어 살면서 귀찮은 조닌들과의 교제를 피할 수 있는 것이, 다른 무엇보다도 살아가는 방법에 있어서는 중요한 것이다. 사이카쿠는 후지이치의 사고의 합리성을 인식시키고, 그 일상을 하나하나 구체화해 간다.

후지이치는 사용한 헌 종이를 묶어 재활용하며 가게를 비우지 않고, 하루 종일 붓을 쥔 채로 당시의 상황을 계속 메모했다고 한다. 사이카쿠는 도매업으로 돈을 번 후지이치의 상법의 기본에, 극명한 정보수집활동이 있었던 것, 그 재산이 단순히 인색함만으로 획득될 수 있었던 것이 아니라는 것을, 여기서 우선 분명히 하고 있는 것이다.

그리고, 이하, 그 변함없는 자세를 구체적으로 서술하고 언뜻 인색하게도 보이는 그 생활 속에, 후지이치의 금욕적·합리적인 정신이 있는 것을 분명히 한다. 후지이치의 삶의 방식에 공감하며, 타고난 자린고비가 아니고 모든 일처리 능력을 보면 만인의 귀감이 된다고 하며, 그 삶을 3개의 삽화로 구체화시킨다.

첫 번째는, 떡집에서 온기가 가시지 않은 자기 집 떡을 받아온 고용인이, 후지이치에게 주의를 받고 2시간 후 무게를 달아보니 맡긴 양보다 적었다는 이야기, 두 번째는, 신물로 나온 가지가 한 개에 두 푼, 두 개에 세 푼에 팔릴 때, 후지이치만은 한 개를 사서, 이제 한 푼으로 때가 되면 큰 것을 살 수 있다고 했다는 이야기, 세 번째는, 딸이 시집갈 때 가져가는 병풍에 多田광산을 한창 채굴하는 장면을 그려 넣었다는 이야기이다.

두 번째 평에서 사이카쿠가 말하듯이, 모두 세심하게 신경을 쓰는 만큼 결과는 좋다는 후지이치의 달인다움을 형상화하고 있다고 할 수 있다. 본 장에 그려진 후지이치는, 자린고비 후지이치라는 모델의 이미지가, 사이카쿠의 시점에 의해 완전하게 역전되어, 훌륭하게 인생을 산 상인으로서 묘사되어 있다.『에이타이구라(永代蔵)』이후의 후지이치의 이미지 변모, 예를 들면『초닌코켄로쿠(町人考見錄)』에「원조 이치베에는 상인의 귀감」이라 평가하는 변모는, 이『에이타이구라(永代蔵)』에서 이루어진 후지이치의 조형에 의해 처음으로 탄생될 수 있었던 것이다.

허구의 상인들

미쓰이(三井)나 후지이치(藤市)와 같이 성공한 상인의 경우는 사적으로 확인이 되지만, 당시 파산하거나 몰락한 모델의 경우는, 사이카쿠가 어느 정도의 허구를 가미시켰는지에 대해서 알기는 어렵다. 예를 들어 4권 4장의 경우, 지금의 호쿠리쿠(北陸) 지방의 항구인 쓰루가(敦賀)에서 녹차장사로 돈을 번 고바시노 리스케(小橋利助)라는 남자는, 큰 상인이 되어서도 근검절약하며 살았었는데, 욕심이 지나쳐 녹차에 한번 쪄낸 차 잎을 섞어 팔아 폭리를 취했다. 그러나 정신이상으로 자신의 비행을 스스로 밝히게 되자, 그를 불신하게 된 주위와의 거래도 끊기고 자연히 가업은 망하게 되었다. 이야기의 끝에서, 광인이 되어서도 금전에 집착하며 미쳐 날뛰는 리스케의 모습을 세세히 묘사하고, 눈을 부릅뜨고 금은화를 손에 쥔 채로 숨을 거둔 리스케가, 죽어서도 망령이 되어 거래처에 수금을 하러 다녔다는 것으로, 무섭도록 금전에 집착하는 인물을 기담적인 허구의 이야기 속에서 형상화하고 있다.

그와는 반대로 3권 5장의 경우는 현세에서 부를 주는 대신, 사후의 고통을 감수해야 하는 전설의 종을 찾아가, 그 종을 침으로 해서 현세의 금전적인 행복을 얻는 추스케(忠助)라는 인물의 이야기가 있다. 죽은 다음에 뱀이 된다 한들, 현세의 가난의 고통보다 못할 게 뭐냐는 듯, 빈곤과 고통에서 벗어나는 현실적인 행복이, 사후의 이념적이고 영혼적인 행복보다 더 절실하다고 주장하는 추스케의 주장은, 당대를 살아가던 현실적인 사람들의 인생을 사는 기준이었을 것이며, 그래서 더욱 독자들에게 강한 동질감을 불러일으키며 환영받는 작품이 될 수 있었을 것이다.

이런 인물의 이야기들은 모델에 대한 어느 정도의 정보를 얻기는 했겠지만, 사이카쿠의 금전과 인간인식에 기초한 허구의 인물이 만들어 낸 세계일 가능성이 높다. 대성공을 거둔 상인들과 함께, 어디에서 어떻게 살다가 죽었을지도 모르는 인물들을, 금전에 집착하며 금전에 농락당하는 인물로 조명해 내는 사이카쿠의 시선은, 지금까지 다른 작품 속에서도 보아왔듯이, 다양한 인물들을 통해서 조명되는 다양한 삶의 군상에 대한 것과 동일하다.

스테디 셀러 『에이타이구라(永代蔵)』

『에이타이구라(永代蔵)』는 당시의 독자들에게 대단한 호평을 받았다. 물론 교훈서적인 필요성에 의해서 읽혔을 가능성도 있지만 사이카쿠의 작품 중에서 가장 많이 또 오랫동안 읽힌 작품으로 보인다. 그것은 에도시대에 몇 번이고 중판되었던 사실과 현재 남아 있는 부수의 양을 보아도 알 수 있고, 당시에 해적판에 가까운 작품들이 출판된 것으로도 미루어 알 수 있다. 훗날 또 사이카쿠의 제자인 사이긴(西吟)은 모방작인 『니혼 신 에이타이구라(日本新永代蔵)』(正徳 3년)를 간행하기도 했다.

이 작품이 실용적 의미의 치부를 위한 지침서로서 조닌들의 단순한 교훈서로서의 역할을 했을 수도 있지만, 지침서나 교훈서의 범주를 뛰어넘어 이야기로서 읽힐 수 있도록 금전에 얽힌 다양한 인간들의 사는 모습을 묘사해 내는 사이카쿠의 시선은 그 자체로서도 읽을 흥미를 유발하고 있다. 일상적이고 상식적인 교훈을 사이카쿠 자신의 경묘한 문체로 문학적으로 구성하고 대중적인 관심사를 끌어들임으로 해서 독자를 끌어들이는 것이다. 주위에서 들어 알고 있는 소문이나 화제꺼리를 새로운 시점으로 바꾸어 작품화해 놀라게 하는 수법 등을 이용한 이야기처럼, 『초자쿄(長者教)』와는 확연히 다른 문학으로서 치부에 성공하고 실패하는 사람들의 이야기를 만들어 내기 때문이다.

독자들이 일상적인 세계에서 견문하고 체험하여 막연히 알고 있던 치부의 세계가, 사이카쿠의 문장 속에서 구체적으로 묘사되고 파악되는 것에 대한 감탄과 공명이, 『에이타이구라(永代蔵)』의 호평의 기조를 이루고 있다고 말해도 좋을 것이다. 사이카쿠의 눈을 통해, 사이카쿠의 말로서 구체화된 현실의 금전세계를, 독자들은 나의 경험과 견문으로 파악한 세계와 동질적인 것으로 인식하며,

그 감동과 함께 현실 속에서 금전으로 얽힌 인간사회와 인간의 심리를 문학적으로 인식하게 되었을 것이다.

『세켄 무네장요(世間胸算用)』

『세켄 무네장요(世間胸算用)』는 겐로쿠(元禄) 5년(1692) 정월에 간행되었다. 사이카쿠는 조쿄 3년 후반부터 겐로쿠 2년(1689)까지 10여 편의 작품들을 발표한다. 그 중에 겐로쿠 원년 전반까지의 작품들은 사이카쿠의 우키요조시 중에서 나름대로의 평가를 받는 작품들이지만, 『에이타이구라(永代蔵)』이후의 작품들은 다양한 가부키 배우의 자살사건을 다루거나, 호색을 소재로 한 작품으로의 회귀 또는 분쟁과 송사 및 재판을 다룬 작품 등 다양한 소재로 다양성을 확보한다. 하지만 작품의 완성도에서는 확연히 차이가 나는 것들로, 현재는 사이카쿠의 작품으로서 비중 있게 다루어진다고는 볼 수 없는 작품들이다.

여기에서 의문이 생길 수 있는데, 사이카쿠의 정력적인 집필 활동과 후반부 작품들의 평가 문제가 그것이다. 이 시기의 후반에 간행된 작품 중 지리서와 같은 것이 있는가 하면, 사이카쿠가 일대남의 주인공 요노스케의 이름으로 타인의 작품에 서문을 쓰고 있는 것 등을 보면, 그는 분명 인기작가가 되어 있었다는 것을 집작할 수 있다. 그의 이름으로 독자의 관심을 끌려는 의도를 읽을 수 있기 때문이다. 그래서 많은 집필 의뢰에 적극적으로 응하다 보니, 후반에는 작품의 완성도가 떨어지는 작품들을 양산하게 되었을 것이다. 후반 작품의 지리멸렬함은 그런 이유를 생각할 수도 있다. 사실 이 시기의 호색을 소재로 한 작품들은 일대남의 경쾌하고 건강한 호색의 이야기와는 다른, 자극적이고 퇴폐적인 호색의 이야기로 변해 있어서, 사이카쿠의 작품으로 인정하지 않으려는 평가도 있을 정도이다.

그러나 인기작가로서의 명성을 얻은 사이카쿠는 밀려드는 집필 의뢰를 자신에 대한 능력의 인정으로 받아들였을 가능성이 높고, 과시하듯 2만 3천 5백구의 야카즈 하이카이를 읊고 스스로를 최고의 하이진으로 자부하고 있었던 것처럼, 우키요조시 작가로 인정하는 주위의 집필 요청에 아무 망설임도 없이 응했을 가능성이 높다. 그는 야카즈 하이카이를 해낸 것처럼, 그 정도의 우키요조시 집필은 할 수 있다고 확신했을 것이며, 완성도가 떨어지는 작품의 문제점을 염려할 정도로 완벽함을 추구하는 성격으로도 보이지 않는다. 이 점은 그의 작품을 일독해 보면 발견되는 것으로, 작은 모순들을 그다지 문제시하지 않고 또는 개의치 않고 스스럼없이 이야기를 전개시켜 가는 자세를 보아도 짐작이 가능하다.

그렇다 하더라도 이 시기 후반의 작품들은 다른 작품들에 비해서 소재의 통일성이나 주제에 걸맞는 소재의 발굴 등, 여러 가지 측면에서 선행 작품들보다 질적인 저하를 보인다. 사이카쿠가 친분이 있던 사람에게 보낸 현존하는 편지의 문구에 자신이 눈을 앓고 있었다는 내용이 있어서, 병중에 있는 사이카쿠의 무성의한 집필을 추정하는 의견도 있으나, 어디까지나 추정의 수준에 머무는 것이다. 또 하나 가능한 추정은, 그의 황폐한 유흥생활도 들 수 있다. 편지에서 볼 수 있는 한 젊은 가부키 배우에 대한 호평을 보면, 호색을 다룬 유곽과 더불어 2대 악소(惡所)로 불리던 가부키 극장을 드나들며, 그들과 하이카이를 비롯한 유흥의 관계로 교류하는 사이카쿠를 상상할 수 있기 때문이다.

추정의 단계를 넘어설 수 없는 이런 작품들을 연달아 발표하던 사이카쿠는, 겐로쿠(元祿) 5년(1692) 정월『세켄 무네장요(世間胸算

用)』를 간행할 때까지 한동안 침묵한다. 거의 3년 가까이 활동을 하지 않은 이유를, 흔히 그동안은 병중으로 집필을 쉬고 있었다고 추정하기는 하지만, 이 시기에 하이카이와 관련된 활동도 보이고, 훗날 원고료만 받고 작품은 써주지 않았다는 일화도 소개되는 것을 보면, 아마도 자리에 누울 정도의 심각한 병을 앓는 투병생활은 아니었을 것으로 추정하기도 한다. 이유는 확실치 않지만 하여튼 사이카쿠는 3년의 공백기를 보내고, 겐로쿠 5년에 그의 작품 중에서 완성도가 가장 높다고 평가받는 『세켄 무네장요(世間胸算用)』를 발표한다.

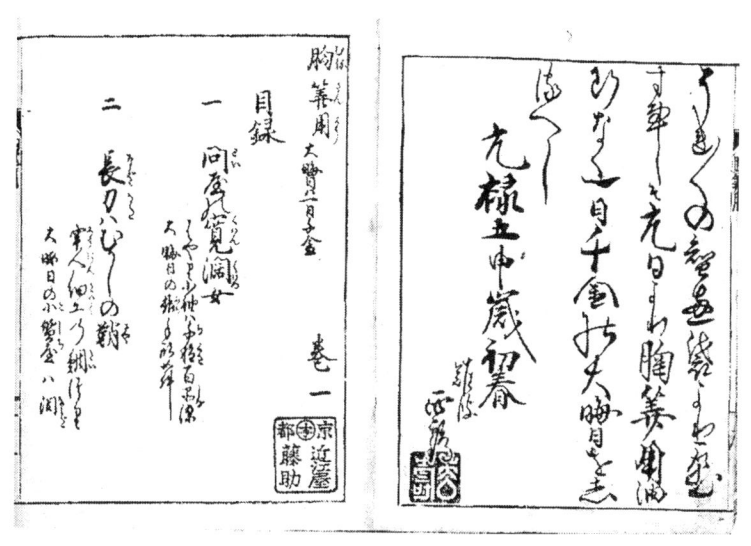

世間胸算用

당시 일본의 상거래는 거의 외상거래였다. 3월 5월 7월 9월의 절구마다 외상거래의 결산을 했고, 일 년의 가장 중요한 결산시기가 연말이었다. 섣달그믐은 일 년의 마감과 신년의 시작을 준비하는 시기였으므로, 모든 상인들은 이때에 외상거래의 결산을 해야만 했고, 그런 채권과 채무의 관계로 인해, 서민들의 삶의 모습은 희비가 교차하는 다양한 것들일 수밖에 없었다.『세켄 무네장요(世間胸算用)』는 그 섣달그믐의 시간적 배경을 통해 볼 수 있는 삶의 모습들을 다양한 욕망의 각도에서 조명한 작품이다. 따라서 이러한 압축적인 인간 삶의 제상들을 비추고 있는 이 작품은, 종래의 호색이나 다양한 소재를 통해 보는 인간들의 욕망과 마음을 비쳐주던 시각과는 다소 다른 면을 가지고 있고, 그로 인해 희화적이거나 골계적인 인간의 행동과 마음을 경묘한 필치로 묘사하던 분위기와는 다소 다른, 금전을 매개로 엇갈리는 인간의 삶의 비애를 엿볼 수 있기도 한 작품이다.

    병으로 인해 기력이 소진된 탓일까? 아니면 소비적인 우키요조시를 집필했던 자신의 무성의함에 대한 반성의 의미였을까? 사이카쿠는 전혀 다른 소재와 필치로 금전으로 울고 웃는 도시 서민들의 삶의 진실을 극명하게 들여다 볼 수 있는 작품을 세상에 내놓았다.

『무네장요(胸算用)』의 의도

    『무네장요(胸算用0』에서 사이카쿠는, 수록한 20개의 단편을 각각 취향을 달리해 변화를 주면서, 섣달 그믐날을 살아가는 다양한 조닌들의 모습을 그리고 있다. 작품 속에는 거부에서부터 빈민에 가까운 조닌들까지 다양한 조닌이 등장하고, 각자에게 있어 천금과 같은 의미가 있는 하루를 보내게 되는 것이다.『무네장요(胸算用)』에서 사이카쿠의 의도는, 모든 조닌 층을 바라보며, 섣달 그믐날의 24시간이라는 한정된 시간 내에서의 삶을, 폭넓게 정의하려는 것이었다고 해도 좋을 것이다. 외상으로 사고 외상으로 파는 것이 일반적이었던 당시, 섣달 그믐날은, 그 수지결산으로, 조닌들이 일 년 중에서 가장 긴장된 하루를 보내게 된다. 섣달 그믐날의 24시간은, 경제생활면에서 조닌들을 바라볼 때, 가장 드라마가 만들어지기 쉬운 시간인 것이다. 그런 의미에서, 그날의 조닌들을 묘사하려는 의도는 적중한 것이다.

사이카쿠는 동시에 시야를 전국으로 넓힌다. 교토·오사카를 중심으로 한 작품이 많은 것은 분명하나, 에도(권5의 4), 사카이(권3의 4), 나라(권4의 2), 나가사키(권4의 4), 교토의 변두리인 후시미(권3의 3)나 오사카 행 밤배(권4의 3)와 같은 무대를 설정하고, 그 지방마다의 연말풍경을 도입하고, 그 지방색을 살리면서 전개하는 각 장을 써서, 작품에 변화를 부여하고자 하는 것이다. 또한, 유곽(권2의 2), 가부키극장(권3의 1)과 같은 당시의 2대 악소를 무대로 설정해, 『무네장요(胸算用)』의 세계에 다양한 색깔을 입히는 배려까지도 하고 있다.

그리하여 『무네장요(胸算用)』는, 그것을 총체적으로 볼 때, 섣달 그믐날이라는 하루를 다양한 삶의 방식으로 살아가고 있는, 전국 각지의, 각 계층의 조닌들의 삶의 모습이, 하나의 파노라마가 되어 표현되도록 구성되어 있는 것이다. 그러나, 이와 같은 『무네장요(胸算用)』속에서도, 우리들에게 강열한 인상을 주고, 재미있게 읽히는 것은, 누가 뭐라고 해도 섣달 그믐날을 긴장 속에서 필사적으로 살 수 밖에 없는 중하층 조닌들을 다룬 이야기이다. 「돈이 돈을 버는」(권4의 4)시대이기 때문에, 한번 전락하면 고난을 극복하고 성공하기 어려운 상황 속에서, 그들은 어떻게든 섣달 그믐날을 견뎌내고자 발버둥친다. 어떤 사람은 극빈한 생활에 안주하고, 어떤 사람은 다시 새로운 삶을 살아간다. 간신히 살아갈 정도의 금전에 쫓기며 금전에 휘둘리며 살아가는 이름도 없는 사람들, 현실세계에 대해 자랑할 만한 무언가를 갖지 못하는 비천한 삶을 살 수 밖에 없는 인간들, 그러한 중하층 서민들의 심정이나 삶의 모습이 과장되고 골계화되면서, 긴밀하게 계산된 이야기의 전개 속에서 표현되는 절반 이상의 작품이야말로, 『무네장요(胸算用)』 속에서도 수작이라고 할 만한 것이다. 그 몇 가지를 간단하게 다루어보자.

결산회피의 수법

권2의 4「門柱も皆かりの世」의 주인공은, 위협적인 연극을 꾸며 빚쟁이를 쫓아내려고 한다. 그러나 그 위협에도 끄떡없는 목재상의 고용인에게 의표를 찔려, 결국 빚을 갚을 수밖에 없게 되고, 그 후, 빚쟁이가 보는 앞에서 다른 사람과 싸움을 일으켜 빚쟁이가 질려서 가버리게 하는 격퇴방법을 전수받는다. 이 남자는 전수받은 날 밤부터 그 방법을 실천했는데, 누가 먼저랄 것도 없이 그 후 이 남자는 싸움꾼으로 불리게 되었다고 하는 것이다.

이런 뻔뻔스러운 남자에 비해, 권2의 2「訛言も只はきかぬ宿」는, 빚쟁이를 피해 집을 나서서 유곽에서 시간을 보내는 사람의 이야기이다. 빚쟁이를 피해 유곽에 왔다고 말할 수 없는 남자는, 유녀나 심부름꾼들이 적당히 추켜세우다 돈을 뜯어내는 수법에 걸려들어 돈을 털리고, 돈이 아까운 나머지 소란을 떨다가 빚쟁이와 마주치게 되고, 결국 몸에 지닌 것을 몽땅 털리는 참담한 경우를 당한다. 우습고도 가련한 남자의 한 인생이 섣달 그믐날의 24시간을 배경으로 선명하게 드러나는 것이다.

이와 같은 어리석은 남자처럼, 권4-3「亭主の入替わり」에서도 집을 피해 나온 사람들의 외상결산의 회피수법이 중심 테마가 되

乘合舟 풍경

는데, 여기에서는 그 묘수를 소개한다. 본 장은, 후시미에서 오사카로 내려가는 밤배에 함께 탄 사람들이, 어떤 방법으로도 섣달 그믐날의 채무결산을 피할 수없는 자신의 상황을 서로 한탄하는 내용인데, 그 중 단 한 남자만이 기분 좋은 태도로 배를 타고 있었다. 그 남자는 그들에게 새로운 묘수를 가르쳐 준다. 즉, 잘 아는 사람들끼리 서로 상대의 집에 빚쟁이로 가장해서 쳐들어가, 다른 빚쟁이들이 질려서 돌아갈 만큼 위협적으로 주인을 위협하고 욕한다는 방법이었다. 덧붙여 말하기를, 이 수법은 아직 세상 사람들이 잘 모르는 방법이라 효과적이라는 것이다. 일종의 정보제공과 같은 성격의 내용이다. 이러한 빚을 둘러싼 공방, 술수는 『무네장요(胸算用)』란 작품세계의 하나의 중심을 이루고 있으며, 어딘지 모르게 우스꽝스러운 인간군상으로 독자의 흥미를 끌고 있는 것이다.

가난한 인간군상

권1-2 「長刀は昔の鞘」에는, 문자 그대로 빈자들이 등장한다. 사

이카쿠는 그 빈자들이 사는 셋집을 무대로, 각 집마다, 그들이 어떻게 섣달 그믐날을 보내고 있는지를 묘사하고 있다. 잡동사니를 모아 전당 잡히는 사람, 의상을 전당잡히는 유녀, 장도(長刀)의 칼집을 들고 가 트집을 잡아 전당포를 뒤흔드는 낭인의 부인, 밤마다 비밀스런 벌이로 살아가는 이상한 여자, 등등, 거기에는 곁에서 보기에도 눈물겨운 연말을 보내는 사람들의 상황이, 가련하면서도 우스꽝스럽게 전개되고 있다.

또한, 권3-3「小判は寝姿の夢」에는, 극빈 상태에서 젖먹이 아이를 안고 섣달 그믐날을 맞이한 부부가 등장한다. 생활에 궁핍한 부부는, 아내가 젖먹이 유모로 나가서 받을 돈의 선수금으로 연말을 보내려고 한다. 음흉한 목적으로 아내를 고용하려는 고용자의 집으로 부인을 보낸 후, 남자는 젖먹이와 집에 남겨진다. 그러나 그 사실을 나중에 알게 된 남편은 돈을 돌려주고 아내를 다시 데려온다. 사이카쿠는 이것으로 본 장을 마무리하고 이 부부가 그 후 어떻게 되었는지 쓰지 않는다. 『세켄 무네장요(世間胸算用)』가, 섣달 그믐날 하루를 사람들이 어떻게 살고 있는지를 쓰려고 하고 있는 이상, 이것은 당연한 결말이지만, 사이카쿠는 지금 이와 같은 마무리로써, 이와 같은 삶을 살고 있는 인간도 이러한 현실세계에 있다는 화두를 내던져 놓고, 그 존재를 현실세계의 하나의 모습으로서 독자에게 인식시키기만 하면 되는 것이다.

물론 사이카쿠에게, 「불쌍하면서도 우스꽝스러운」(권5-3) 사람의 모습을 부정하려는 자세는 보이지 않는다. 오히려, 이러한 비천한, 아무런 자랑할 것도 없는 삶을 어쩔 수 없이 살아가는 인간 존재를, 따뜻하게 지켜보고 있는 자세를 우리들은 느낄 수밖에 없을 것이다. 그러나 욕망의 존재로서 인간을 인식하는 사이카쿠는 감상에 젖지는 않는다. 사이카쿠는 『무네장요(胸算用)』에서, 섣달 그믐날을 살아가는 다양한 인간의 모습을 실로 다각적으로 묘사하여, 가련하면서도 우스운 인간의 삶을 독자에게 실감시키고 있는 것이다.

『무네장요(胸算用)』에는 지금까지 다룬 작품 외에도, 섣달 그믐날의 야시장에서 팔리는 물품을 통해, 그 주인의 생활을 독자에게 느끼게 하는 이야기(권5의 1), 갈 곳 없는 3명의 인물이 절로 피신해 가련하고도 우스운 참회를 한다는 이야기(권5의 3) 등, 수작이 적지 않다. 거기에서는 이 세상을 조닌으로서 살아가는 이상은 피할 수 없는, 에도시대의 섣달 그믐날의 산문적인 실정이 거의 잘 묘사되어 있다고 말할 수 있을 정도이다.

더구나 『무네장요(胸算用)』는, 섣달 그믐날이라는 시간설정과, 그것을 살린 이야기 구성의 탁월함이나 그 등장인물들에의 폭넓은 인식 등이 재미있을 뿐만 아니라, 그 문체도 또한 절묘하다. 속어를 살리고 회화를 종횡으로 살린 문장, 특히 등장인물의 말에 의해 그 인물상을 떠올리게 하는 수법은, 사이카쿠 작품 중에서도, 『무네장요(胸算用)』에서 가장 유효하게 이용되고 있다. 또한, 반전을 이용한 교묘한 이야기 전개나, 셋집·밤배 등을 배경으로 여러 가지 상황을 담당한 인물들을 배열하는 수법, 각지의 섣달 그믐날의 풍속을 경묘하고 적확하게 그려내는 기법 등, 그 문체의 탁월함에 의해 뛰어난 작품을 만들어내고 있는 것이다. 『무네장요(胸算用)』는 병에서 일시적으로 회복한 사이카쿠가 그 에너지를 집약적으로 나타낸, 사이카쿠 문학의 하나의 뛰어난 도달점이었다고 할 수 있을 것이다.

사이카쿠 작품의 매력

　사이카쿠는 하이카이라는 운문을 자신의 본업으로 생각한 시인(하이카이시)이면서, 실제로 그의 이름을 기억하는 독자들에게는 우키요조시란 산문의 작가로 기억된다. 오사카를 근거지로 한 단린파의 대표적인 하이카이시로 자처하고 싶었던 것 같은 사이카쿠의 행적과, 우키요조시의 인기작가로 인정받고 나서도 하이카이 활동을 멈추지 않았던 것을 보면, 당시의 사이카쿠는 여기로서 시작한 우키요조시 집필활동에 대한 적극적인 의미부여를 하지는 않았던 것처럼 보인다. 하지만 결과적으로 그는 우키요조시로 일본문학사에 우뚝 선 대표적인 일본의 작가의 한 사람으로 인정받고 있다.
　고대 이후 근세 초기에 이르기까지, 일본문학의 주류는 운문문학이었다고 할 수 있다. 물론 중세까지의 모노가타리와 같은 산문문학의 거대한 흐름이 있다고는 해도, 그 이야기를 이끌어가는 방법은 운문적인 문장과 와카의 이용 등을 통해서도 알 수 있듯이, 운문과 일정한 거리를 두고 독자적으로 발달해 온 산문으로 보기는 어려운 것들이며, 유명한 운문의 문구를 전제로 한 이미지의 확대재생산을 하나의 고정적인 방법으로 사용해 왔다는 것만 보아도, 일본의 문학은 운문문학이 핵을 이루고 있었다고 할 수 있다.
　물론 우키요조시의 출발점에서 사이카쿠 역시 이러한 방법의 이용을 통해서『호색일대남』과 같은 작품을 만들어 냈다. 운문이 가지고 있는 함축된 이미지의 여운과 그 이미지를 통속적으로 역전시키는 기발한 발상의 산문적인 방법을 함께 사용하는 것으로, 그는 여가를 즐겼던 것이다. 따라서 고전의 세계에서 얻어온 사물에 대한 인식의 대표적인 이미지를 구체화시키는 수단은 운문적인 것들이었고, 그 이유 또한 그가 하이카이시, 즉 하이카이의 시인이었다는 데에서 비롯된다.

하지만 사이카쿠의 문학은 동시대 어떤 작가들도 흉내내기 어려운 산문성을 가지고 있었다. 고전적인 가치를 패러디하는 당시의 하이카이 정신이 몸에 배여 있는 하이카이시 사이카쿠는, 또 하나의 그만의 능력인 상인으로서 갈고 닦은 인간파악의 수행생활(=상인의 삶)이, 그의 문학적인 활동의 근저에서 이야기를 만들어 가는 가장 중요한 능력으로 기능하고 있었던 것이다. 사물에 대한 고전적인 이미지의 인식과, 추상화된 그것을 구체화시키는 통속적이고 사실적인 방법은, 귀족적이고 비현실적인 추상적 가치의 의미를 현실적이고 사실적인 인간 욕망의 본질로 파악하는 것이었다. 상인이라는 신분적인 한계는 귀족들이 가질 수 없는 문학적인 사실주의의 개안을 가져다 준 것이다. 그것이 바로 사랑이 호색으로 표현되는 인식의 전환이 가능해지는 이유인 것이다.

호색과 금전이라는 소재를 문학작품의 주요한 테마로 다룬다는 것은, 운문으로 대표되는 고전적 문학의 세계에서는 있을 수 없는 일이었다. 호색은 이로고노미(色好み)라는 이상적인 가치로 포장되어 있어서, 사랑이란 감정의 행위를 적극적이고 긍정적으로 옹호하는 특권적 의미부여를 하고 있었다. 또한 귀족계급의 전유물인 와카의 작시능력으로 판단되던 이로고노미의 지적능력의 기준 역시, 약속된 창작방법의 한계 속에서 판단하는 것이었다. 즉 문학에서

다루는 호색(=이로고노미)은 와카(和歌)라는 운문을 자유자재로 다룰 수 있는 귀족들의 애정행각이면서도, 그 애정행각을 미화하고 추상화할 수 있는 와카라는 운문의 힘에 의존하고 있었던 것이다.

따라서, 호색을 문학적 소재로 적극적으로 인식하는 일은 없었고, 당시까지도 문학의 범주에서 다루지 않았던 것이었다. 사이카쿠 자신도 『호색일대남』의 발문에서 사이긴이 말하듯이, 여기로서 즐기던 창작활동이었을 뿐, 문학 활동으로 우키요조시 집필을 인식하고 있지는 않았던 것으로 보인다. 하지만 그와 같이 비문학적인 소재를 다룬 그의 작품들은 한결같이 인간의 본질을 들여다보며, 그것을 과장하지도 않고 폄하하지도 않는 시선을 가지고 인간을 상대화시켜 묘사하는, 상당히 문학적으로 세련된 방법을 보여주고 있다. 결과적으로 그는 타고난 소설가인 셈이다.

본능적인 호색이 아니라 추상적인 관념의 사랑으로 묘사되어 오던 상류계급의 남녀의 연애관계가, 에도시대에 들어와 서민계층의 문화적 활약에 힘입어, 지극히 통속적인 남녀의 애정관계로 인식되는 변화를 보였다. 물론 그것은 우키요조시란 문학의 장르가 발생하기 이전의 시대에도 존재해 왔던 것이지만, 현실세계가 아닌 문화의 공간에서 구체화된 모습으로 나타난 것은, 아마도 사이카쿠의 첫 우키요조시인 『호색일대남』이 아닐까 생각한다. 그가 그려낸 호색은 끈끈한 애욕의 인간관계를 느끼게 하지 않는 것으로, 경묘한 문장을 통해 전달되는 밝고도 산뜻한 소리와도 같다. 그야말로 유쾌한 호색이다.

이점이 극명하게 드러나는 작품이 『호색오인녀』이다. 봉건시대 윤리의 틀에 갇혀 불행한 사랑의 종말을 강요받을 수밖에 없었던 다섯 쌍 남녀의 사랑은, 불륜의 사랑이든 신분이 다른 사랑이든 당시로서는 허용되지 않는 사랑이었다. 그들의 불행한 사랑의 결말로 인해 당시 동정의 시선으로 보아오던 서민들의 생각을, 경쾌하게 비웃어준 것이 이 작품의 호색인 것이다. 어떤 사랑이라도 인간의 원초적인 욕망의 실현으로 인식해 버리는 사이카쿠와 같은 호색의 인식은, 고전적인 문학세계에서는 발견할 수 없는 경쾌한 인간인식인 것이다.

또한 돈이란 것이 문학의 중심적인 소재가 되는 일도 없었다. 그것은 기껏해야 인간의 행동이나 심리를 표면으로 끌어내 그 불행을 묘사하기 위한 도구로 쓰였을 뿐, 문학작품의 주제와 깊이 관련되어 돈에 의해 울고 웃는 인간을 묘사하는 일은 없었다. 돈이란 문학과는 일정한 거리를 두어야 할 지극히 문학적 기준으로서는 몰가치한 것이었다. 따라서 문학세계에서 돈을 직접적으로 묘사한다는 것은, 서구문명의 영향이 강해지던 근대에 이르기까지는 문학적인 소재로서 인정하기 어려웠던 것이다.

사이카쿠라는 상인출신의 소설가는 이런 면에서 자신만의 작가적 능력을 최대로 극대화시켜 성공한 경우라고 생각된다. 그는 돈과 관계된 인간의 행동과 심리에 일찍부터 어떻게 대응해야 하는지를 알고 있었고, 그런 영민함은 글을 쓰는 방법에서도 독자의 욕구와 시장의 흐름을 예견하고 파악할 수 있게 해주었으며, 자신을 포함한 인간 존재의 본질적인 욕망들을 어떻게 묘사해 내야 하는지도 알고 있었다. 상인 출신이었기 때문에 돈을 둘러싸고 일어나는 인간 욕망의 생생한 실체를 잘 파악할 수 있었고, 단린파 하이카이시(俳諧師)였기 때문에 그런 인간의 실체를 희화적으로 표현하고 웃음을 유도할 수 있는 방법을 알고 있었다.

크게 호색과 금전이란 테마로 떠오르는 사이카쿠의 문학세계는, 사실 호색과 금전 외에도 의리나 복수 효도 등, 다양한 소재의 작품들이 많이 있다. 그러나 그 작품들에서 추출해 낼 수 있는 공통적이고 보편적인 작품 구성의 소재들은, 어떠한 소재를 통해서도 공통적으로 파악되는, 욕망으로 대변되는 객관적이고 사실적인 인간인식으로 집약될 것 같다. 무사계급의 원수 갚는 이야기에서도, 무사들을 이상적인 인간집단으로 미화하기 보다는, 본질적 인간존재들로 파악하고 있는 이야기들이 주류를 이루고 있기 때문이다. 또한 인간이란 괴물과 같아서 상식적으로 이해할 수없는 다양한 인간들이 세상에는 존재한다는, 괴담적인 작품의 서문에서 보여주는 사이카쿠의 인간인식처럼, 주제가 다른 전체의 작품의 기저에 공통적으로 관류하고 있는 하나의 전제조건이기도 하다. 욕망을 똘똘 뭉쳐서 이루어진 것이 인간이라는 사이카쿠의 말처럼, 다소 냉소적인 인간인식은 상인으로서 인간수련을 쌓아온 결과로서 체득한 해답일 수도 있는데, 그에게는 부정적인 냉소주의보다 긍정적으로 인간을 인정하고 받아들이려는 자세로 인식하는 인간인식이었을 것이다. 그것이 그의 작품 속에서 만나는 온갖 종류의 인간들을 그 자체로서 받아들이며 웃고 즐길 수 있는 대상으로 비춰주고, 하나의 인간 존재로서 독자 자신마저도 되돌아보게 하는 힘으로 작용하고 있는 것이다. 그래서 사이카쿠의 욕망을 통한 인간인식은 문학으로서 아직도 그 가치를 인정받고 있

西鶴의 墓

는지도 모른다.

誓願寺

『무네장요(胸算用)』를 간행한 이듬해(겐로쿠 6년,1693) 8월 10일, 사이카쿠는 52세의 나이로 세상을 떠났다. 당시엔 50세가 인간 수명의 한계라고 인식되고 있어서였는지,

　　浮世の月見過しにけり末二年
　　　이 세상에서 두 해나 더 달님을 맞이했노라

라는 마지막 하이카이의 구(辞世の句)를 남겼다. 자유롭게 일생을 살았던 상인출신의 작가다운 자족과 수량의 감각이 넘치는 마지막 구라 하지 않을 수 없다.
　　사이카쿠의 묘는 오사카(大坂市天王寺区上本町)의 세이간지(誓願寺)에 있다.

참고문헌...

(全集)

『定本西鶴全集』全十四巻十五冊　野間光辰・暉峻康隆編　中央公論社
　　1949〜1975年
『対訳西鶴全集』全十六巻　麻生磯次・富士昭雄訳注　明治書院
　　1974年〜1979年
日本古典文学大系『西鶴集』上・下　麻生磯次・板坂元・堤精二校注　岩
　　波書店　1967年
日本古典文学全集『井原西鶴集』一・二・三　暉峻康隆・東明彦校注・
　　訳　小学館　1971年
新日本古典文学大系『武道伝来記・西鶴置土産・万の文反古・西鶴名残
　　の友』谷脇理史・富士昭雄・井上敏幸　校注　岩波書店　1989年
新日本古典文学大系『好色二代男・西鶴諸国ばなし・本朝二十不孝』富
　　士昭雄・井上敏幸・佐竹昭広校注　岩波書店　1991年

(研究書)

『西鶴 評論と研究』上・下　暉峻康隆著　中央公論社　1948・1950年
日本古典鑑賞講座『西鶴』暉峻康隆編　角川書店　1957年
古典とその時代『西鶴』野田寿雄著　三一書房　1958年
人物叢書『井原西鶴』森銑三著　吉川弘文館　1958年
『封建庶民文学の研究』森山重雄著　三一書房　1960年
『近世小説史論考』野田寿雄著　塙書房　1961年
『近世小説史の研究』中村幸彦著　桜楓社　1961年
『近世作家研究』中村幸彦著　三一書房　1961年
『椀久一世の物語』笠井清著　明治書院　1963年
『日本近世文学の研究』松田修著　法政大学出版局　1963年
国語国文学研究史大成『西鶴』暉峻康隆・野間光辰編　三省堂　1964年

『西鶴(図録)』野間光辰監修・天理図書館編　天理図書館　1965年
『近世前期文学の研究』青山忠一著　東出版　1966年
『近世の庶民文化』高尾一彦著　岩波書店　1968年
『浮世草子の研究』長谷川強著　桜楓社　1969年
『西鶴の研究』宗政五十緒著　未来社　1969年
日本文学研究資料叢書『西鶴』谷脇理史編　有精堂　1969年
『西鶴論考』高橋俊夫著　笠間書院　1971年
『仮名草子と西鶴』岸得蔵著　成文堂　1974年
『西鶴論叢』野間光辰編　中央公論社　1975年
シンポジウム日本文学『西鶴』松田修ほか　学生社　1976年
講座日本文学『西鶴』上・下　市古貞次監修　松田修・堤精二編　至文堂　1978年
『西鶴物語』浅野晃・谷脇理史編　有斐閣　1978年
『西鶴雑筆』高橋俊夫著　笠間書院　1978年
『俳諧師西鶴　考証と論』乾裕幸著　前田書店　1979年
『井原西鶴研究』桧谷昭彦著　三弥井書店　1979年
『西鶴研究序説』谷脇理史著　新典社　1981年
『西鶴研究論攷』谷脇理史著　新典社　1981年
『西鶴新新攷』野間光辰著　岩波書店　1981年
『西鶴新論』暉峻康隆著　中央公論社　1981年
『元禄の文化　西鶴の世界』谷脇理史著　教育社　1982年
『補冊　西鶴年譜考証』野間光辰著　中央公論社　1983年
『浮世の認識者　井原西鶴』谷脇理史著　新典社　1987年
『西鶴論の周辺』桧谷昭彦著　三弥井書店　1988年
『西鶴と浮世草子』西島孜哉著　桜楓社　1989年
『西鶴論攷』浅野晃著　勉誠社　1990年
『日本近世小説史　井原西鶴編』野田寿雄著　勉誠社　1990年
『西鶴試論』井口洋著　和泉書院　1991年
『浮世草子新考』長谷川強著　汲古書院　1991年

講座元禄の文学2 『元禄文学の開化Ⅲ 西鶴と元禄の小説』 浅野晃ほか編
　　　勉誠社　1992年
『西鶴への招待』暉峻康隆　浅野晃　富士昭雄　江本裕　谷脇理史　岩波書店
　　　1995년
『読みかえられる西鶴』掘切実　ぺりかん社　2001년
『西鶴を読む』長谷川強　笠間書院　2003년

(그 외)
『見聞談叢』伊藤梅宇著　岩波文庫　1940年
『芭蕉と西鶴の文学』乾裕幸著　創樹社　1983年
『好色一代男全注釈』上・下　前田金五郎著　角川書店　1986年
『完本色道大鏡』野間光辰編著　友山文庫　1961年

사이카쿠 간략연표...

1642년(寬永19),	○오사카의 부유한 초닌(町人)의 아들로 출생.
1656년(明曆2),	○이 무렵부터 하이카이를 배우기 시작.
1662년(寬文2),	○이 해쯤, 하이카이의 덴자(点者)가 되다.
1666년(寬文6),	○3월, 西村長愛子撰 『遠近集』에 鶴永이란 호로 発句가 3구 入集. 사이카쿠 첫 작품이다.
1667년(寬文7),	○이 해에 『大坂独吟集』에 실린「経口에…」를 発句로 한 百韻을 읊었을 것으로 추정.
1671년(寬文11),	○以仙編 『洛花集』에「長持へ春ぞくれ行く更衣」가 入集
1673년(寬文13),	○風虎編 『桜川』에「餅花や柳はみどり花の春」가 入集
	○3월경, 오사카 生玉社의 南坊에서 12일간에 걸쳐 万句하이카이를 흥행하고, 6월 28일에 『生玉万句』란 제목으로 간행.
	○9월, 『哥仙大坂俳諧師』를 편집하여 간행.
1674년(延宝2),	○1월, 表紙屋庄兵衛版 『歳旦発句集』에 歳旦吟을 싣고, 사이카쿠(西鶴)라 서명. 처음 西鶴란 호 사용.
1675년(延宝3),	○4월3일, 세 아이를 남기고 아내 병사. 향년 25세.
	○4월8일, 아내를 추도하여 独吟千句를 읊고, 스승 우인 제자 등 105인으로 부터 받은 追善発句를 더하여, 『俳諧独吟一日千句』란 제목으로 간행.
	○4월, 『大坂独吟集』 간행.
	○겨울에 삭발, 이 무렵 鑓屋町의 초암에 들어갔을 것으로 추정.
1676년(延宝4),	○『古今俳諧師手鑑』를 편집 간행.
1677년(延宝5),	○3월, 生玉本覚寺에서 하루 밤낮동안 천육백구 独吟을 흥행하고, 5월에 『俳諧大句数』란 제목으로 간행.
	○中村西国에게 『俳諧之口伝』 한 권을 주다.

1678년(延宝6),	○『俳諧胴ほね』간행.
	○青木友雪 흥행의 千句俳諧에 출좌.『大坂檀林桜千句』란 제목으로 5월에 간행됨.
	○가을, 筑前의 鹿の島에서 西海가 오사카로 찾아와 西鶴 등과 하이카이의 흥행을 한 것에 서문을 붙여서,『大硯』란 제목으로 간행.
	○가을, 那波葎宿, 田代松意와 함께 三吟三百韻을 흥행. 후에『俳諧虎渓の橋』란 제목으로 간행.
	○11월,『俳諧物種集 新付合』를 간행.
1679년(延宝7),	○3월, 大淀三千風가 三千句 独吟을 성취. 사이카쿠가 발문을 가하고, 8월에『仙台大矢数』란 제목으로 간행.
	○4월, 青木友雪과 両吟一日千句를 흥행하고, 발문을 붙여, 5월에『両吟一日千句』란 제목으로 간행.
	○10월, 오사카 天満天神의 신사 앞에서 문하생들 13인과 一日千句를 읊고,『飛梅千句』란 제목으로 간행.
1680년(延宝8),	○5월7일 오후 6시 경부터 8일 오후 6시 무렵까지, 오사카 生玉의 寺内에서 矢数俳諧를 흥행하여 四千句 独吟을 성취. 이듬해 4월에『西鶴大矢数』란 제목으로 간행.
1681년(延宝9),	○斎藤賀子編『山海集』의 삽화는 사이카쿠의 그림.
1682년(天和2),	○土橋春林編『百人一句難波色紙』의 版下와 삽화는 사이카쿠의 것.
	○10월,『好色一代男』간행.
1683년(天和3),	○役者評判記『難波の貝は伊勢の白粉』간행.
	○3월, 西山宗因 1주기 추선하이카이를 문하생 제자들과 흥행하고, 이것을『俳諧本式百韻精進贄』란 제목으로 간행.
1684년(天和4),	○3월,『好色一代男』(江戸版) 간행.
	○4월,『諸艶大鑑』(好色二代男) 간행.

　　　　　　　　○6월 5일~6일, 住吉신사 앞에서 一日一夜 이만삼천오
　　　　　　　　　백구 독음을 흥행.
　　　　　　　　○10월, 『古今 俳諧女歌仙 すがた絵入り』를 편집, 간행.
1685년(貞亨2),　○1월, 宇治加賀掾를 위해 조루리 『曆』집필 간행.
　　　　　　　　○1월, 『西鶴諸国ばなし』간행.
　　　　　　　　○2월, 『椀久一世の物語』간행.
　　　　　　　　○봄, 宇治加賀掾를 위해 『凱陣八嶋』를 신작.
　　　　　　　　○7월, 加賀掾段物集『小竹集』을 위해 서문을 집필.
1686년(貞亨3),　○1월, 사이카쿠의 版下와 삽화에 의한『近代艶隠者』
　　　　　　　　　(西鷺軒橋仙작)간행.
　　　　　　　　○1월, 『好色一代男』을 菱川師宣가 그림책으로 낸『大
　　　　　　　　　和絵のこんげん』『好色世話絵づくし』가 에도에서 간
　　　　　　　　　행되다.
　　　　　　　　○2월, 『好色五人女』간행.
　　　　　　　　○6월, 『好色一代女』간행.
　　　　　　　　○11월, 『本朝二十不孝』간행.
1687년(貞亨4),　○1월, 『男色大鑑』간행.
　　　　　　　　○3월, 『懐硯』간행.
　　　　　　　　○4월, 『武道伝来記』간행.
　　　　　　　　○5월, 사이카쿠가 版下와 삽화를 그린『西行撰集抄』
　　　　　　　　　간행되다.
1688년(貞亨5),　○1월, 『日本永代蔵』간행.
　　　　　　　　○2월, 『武家義理物語』간행.
　　　　　　　　○3월, 『嵐無常物語』간행.
　　　　　　　　○6월, 『色里三所世帯』간행.
　　　　　　　　○9월 이전에 『好色盛衰記』간행.
　　　　　　　　○11월, 『新可笑記』간행.
1689년(元禄2),　○1월, 『一目玉鉾』간행.
　　　　　　　　○1월, 『本朝桜陰比事』간행.

	○3월, 사이카쿠가 일대남의 요노스케(世之介)란 익명으로 희주(戱注)를 단『新吉原常々草』(磯貝捨若저) 간행.
	○11월, 「俳諧のたらひ事」를 집필하여 문하생들에게 나누어주다.
1690년(元禄3),	○2월, 上島鬼貫 등과 鉄卵의 追善으로 百韻 1권을 엮고, 5월 간행한 『大悟物狂』에 수록.
	○이 해를 전후해 사이카쿠는 건강이 악화되어 자주 병으로 누워잇었던 것으로 추정.
	○사이카쿠 상경, 北条団水의 집에서 단스이와 両吟歌仙 2권을 시도하나, 두 사람 모두 도중에 그만 둠.
1691년(元禄4),	○北条団水編『俳諧団袋』간행. 단스이와 엮던 両吟과 사이카쿠의 말을 넣음.
	○8월, 難波松魂軒이란 익명으로『俳諧石車』를 간행하고, 『物見車』에서 반박하다.
	○8월, 斎藤賀子編『蓮実』간행. 発句 11구, 賀子와의 両吟歌仙 등을 수록.
1692년(元禄5),	○1월, 『世間胸算用』간행.
	○3월4일부 서간에, 「今程目をいたみ、筆も覚え申さず候」라고 쓰다.
	○3월24일. 맹인인 딸이 사망. 법명은 光含心照信女.
	○가을, 紀州熊野에 외유하여「日本道に山路つもれば千代の菊」를 発句로 하는 独吟百韻을 읊다. 후에 자신이 주를 달아 에마키(画巻=두루마리 그림: 独吟百韻自注絵巻)로 만들다.
1693년(元禄6),	○1월, 『浮世栄花一代男』간행.
	○1월 간행한『難波土産』(静竹堂菊子編)에 사이카쿠의 題句 및 評点前句付가 수록되다.
	○8월10일, 오사카에서 사망. 향년 52세. 법명은 仙皓西鶴. 묘는 寺町의 誓願寺에 모심.

	○겨울, 『西鶴置土産』 간행.
1694년(元禄7),	○3월, 제2유고집 『西鶴織留』 간행.
1695년(元禄8),	○1월, 제3유고집 『西鶴俗つれづれ』 간행.
1696년(元禄9),	○1월, 제4유고집 『万の文反古』 간행.
1699년(元禄12),	○4월, 제5유고집 『西鶴名残の友』 간행.

지은이

김영철(金榮哲)
kimyc@hanyang.ac.kr

현 한양대학교 국제문화대학 일본언어문화학부 교수.
일본 츠쿠바(筑波)대학에서 사이카쿠(西鶴)연구로 박사학위 받음.
츠쿠바(筑波)대학, 와세다(早稲田)대학, 간사이(関西)대학에서 연구.

저서로
『일본문학의 흐름Ⅰ』(공저, 방송대 출판부)
『일본어문학의 세계』(공저, 도서출판 박이정)
역서로
『바쇼(芭蕉)의 두 얼굴』(제이앤씨)
『부부단팥죽』(제이앤씨)등.

논문으로
「『好色五人女』論 -移り気な人間模様-」
「『武道伝来記』の二重構造 -「平家」素材の利用方法から-」등 다수.

욕망의 인식과 사이카쿠(西鶴)

초판인쇄 · 2005년 11월 3일
초판발행 · 2005년 11월 10일
지은이 · 김영철
발행처 · 제이앤씨
등록번호 · 제7-220호
주소 · 서울시 도봉구 쌍문동 358-4
전화 · (02) 992-3253
팩스 · (02) 991-1285
e-mail, jncbook@hanmail.net
URL http://www.jncbook.co.kr

ⓒ 김영철 2005 All rights reserved.

ISBN 89-5668-292-5 93830 정가 7,000원

* 잘못된 책은 구입하신 서점이나 본사에서 교환해 드립니다.